博雅对外汉语精品教材
口语教材系列

高级汉语口语 2（第三版）

ADVANCED SPOKEN CHINESE
2 (Third Edition)

刘元满　任雪梅　金舒年　编著

图书在版编目(CIP)数据

高级汉语口语.2/ 刘元满，任雪梅，金舒年编著. —3版. —北京：北京大学出版社，2016.10
（博雅对外汉语精品教材口语教材系列）
ISBN 978-7-301-26856-8

Ⅰ.①高… Ⅱ.①刘… ②任… ③金… Ⅲ.①汉语—口语—对外汉语教学—教材 Ⅳ.① H195.4

中国版本图书馆 CIP 数据核字 (2016) 第 027187 号

书　　名	高级汉语口语 2（第三版）
著作责任者	刘元满　任雪梅　金舒年　编著
责任编辑	刘　飞　沈浦娜
标准书号	ISBN 978-7-301-26856-8
出版发行	北京大学出版社
地　　址	北京市海淀区成府路 205 号　100871
网　　址	http://www.pup.cn　　新浪微博：@北京大学出版社
电子信箱	zpup@pup.cn
电　　话	邮购部 62752015　发行部 62750672　编辑部 62752028
印 刷 者	北京虎彩文化传播有限公司
经 销 者	新华书店
	889 毫米 × 1194 毫米　16 开本　12.25 印张　224 千字
	1997 年 10 月第 1 版　2004 年 9 月第 2 版
	2016 年 10 月第 3 版　2023 年 1 月第 3 次印刷
定　　价	48.00 元

未经许可，不得以任何方式复制或抄袭本书之部分或全部内容。
版权所有，侵权必究
举报电话：010-62752024　电子信箱：fd@pup.pku.edu.cn
图书如有印装质量问题，请与出版部联系，电话：010-62756370

第三版改版说明

这是一套经典汉语口语教材，自1996年出版以来，受到国内外汉语学习者和汉语教师的广泛好评，先后两次改版，数十次印刷，至今畅销不衰。

本套教材分初中高三个级别，每级分1、2和提高篇三册。每课分为课文、注释、语言点和练习等部分。每三至五课为一个单元，每单元附有口语常用语、口语知识及交际文化知识。

本套教材从零起点起，初级前三课为语音集中教学阶段，后续课程根据情景和功能灵活设课，循序渐进，急用先学，即学即用。教材的选词范围主要以《汉语水平词汇与汉字等级大纲》为参照，初级以甲乙级词为主，学习初级口语常用句式、简单对话和成段表达；中级以乙丙级词为主，以若干主线人物贯串始终，赋予人物一定的性格特征和语言风格；高级以丁级词为主，第1、2册以一个典型的中国家庭为主线，以类似剧本的形式展开故事情节，展示中国家庭和社会的多个侧面。

本套教材的主要特点是：

1. 与日常生活紧密结合，学以致用；
2. 语言点解释简单明了，通俗易懂；
3. 练习注重结构与交际，丰富实用。

本套教材每个级别可供常规汉语进修生或本科生一学年之用，或供短期生根据实际水平及课时灵活选用。

第三版主要针对以下内容进行修订：

1. 对课文、例句及练习中过时的内容做了修改和替换，使之更具时代感；
2. 对少量语言点及解释做了调整和梳理，使之更加严谨，便于教学；
3. 对部分练习做了增删，使之更具有针对性和实用性。

北京大学出版社汉语及语言学编辑部

2016年4月

第二版说明

《高等学校外国留学生汉语教学大纲》对初等、中等、高等阶段的听、说、读、写、译各方面都提出了明确要求，其中要求高等阶段的学生在"说"的方面"能就社会生活中的一般话题较为流利地进行对话或讲话，能较系统地、完整地表达自己的思想感情，有较强的成篇表达的能力。语音语调正确，语气变化适当，语速正常，语句连贯；用词基本恰当，能用较为复杂的词汇和句式，有一定的活用语言的能力，表达比较得体"。达到这一目标，既要学生会学，也要教师会教。一本实用、顺手的教材，无论是对教师还是对学生，都会起到十分重要的作用，甚至是决定性作用。

1997年汉语口语系列教材中的《高级汉语口语》（上）出版以来，得到众多使用者的关心和厚爱。时代在发展变化，教材的内容也必须与时俱进，编者原班人马在保留原来教材主要特色的基础上重新进行了构思和编写。

与旧版相比，我们在以下方面进行了尝试。

由于原来课文较长，生词较多，而实际授课学时又很有限，以致教材一些内容未能得以充分利用；同时由于高级水平的学习者越来越多，需要进一步划分教学层次，因此改版后将上册改为《高级汉语口语》第1、2册，原来的《高级汉语口语》（下）改版为《高级汉语口语》第3册。

1、2两册各有12课，课文字数平均为1800字左右，生词控制在35个左右，以《汉语水平词汇与汉字等级大纲》中的丁级词为主，同时收入了一些用法较多、易于混淆的丙级词以及部分常用的成语。每课的编排适合6至8学时使用。

第二版保留了原教材的部分话题，人物关系更为集中，人物语言特点更突出得体性，大多数课文内容彻底更新。在注重场景、人物典型性的同时还注意了广泛性，尽量赋予人物不同的性格、背景、经历和不同的语言风格，表达力求生动、自然、得体。学习者可以加深对中国社会的了解，达到学习地道口头语言的目的。

每册分为四个单元，各单元之间插入一个与口语相关的知识介绍，目的是帮助学生扩大知识面，加深对汉语口语的认识和了解。

课文内容虽然突出了文化色彩，但仍然以语言训练为宗旨，1、2册增加了"热身话题"及"句式与表达"的练习。为了达到大纲所提出的要求，本书在练习的设计上突出了实用性，以成段表达的训练为中心，循序渐进地安排了相当数量的叙述、讨论和调查题，以切实提高学生大段地、连贯自如地表达的能力。教师可视需要选用。

此次改版，得到了使用者及出版社方面的极大支持。编辑沈浦娜以及对外汉语教育学院赵燕婉、钱旭菁、陈莉等多位老师提出了许多建设性意见，使本教材在编写质量方面又多了一份保证。在此深表感谢。

编写教材需要付出相当的时间和精力，我们努力做得更好，但在编写中一定会出现疏漏和不足，请大家提出宝贵意见，以便我们进一步完善。

希望这部教材能够继续得到大家的关心和厚爱。

作　者
2003 年 12 月于北京大学

序

外国留学生学习汉语进入高级阶段之后，还要不要进一步学习口语？这是一个不十分明确的问题。这主要是因为，在学习汉语的整个过程中，听、说、读、写四项技能在不同的学习阶段有所侧重。高级阶段侧重在阅读和写作上，成段表达主要是写的训练，似乎口语表达的训练已经完成了。

近来，一些入系学习专业的本科生和研究生感慨地说，他们的口语表达能力不但没有什么提高，反而有所减退。在现实生活和社会交往中，他们缺乏系统、完整、自然、得体地表达自己的思想、发表自己的见解的能力。究其原因，主要是专业学习要读的书太多，要写的作业太多，没有时间练习说。这也许是事实。然而，学生们的口语表达能力方面存在的问题，不能完全归根于此。我们认为，根本原因还在于，高级阶段口语表达能力的训练没有真正完成。

过去的高级口语教材，从某种意义上说，与汉语阅读教材相差无几。教材内容大多选自小说、剧本、相声等文学作品。语言虽然比较通俗，但大都带有浓厚的文学色彩，这种语言不能算是标准的"白话"口语。外国留学生很难操练和掌握。

两年来，刘元满、任雪梅、金舒年三位青年教师在教学实践中，总结了高级口语教材的一些问题，从高级阶段学生的学习需要出发，编写了这本《高级汉语口语》。她们以《汉语水平等级标准和语法大纲》对高级阶段学生的学习要求为编写原则，选取能够反映中国社会和中国人日常生活的场景编写成课文。内容来自真实生活，生动有趣；语言自然流畅，极易上口，便于学生学习到真正地道的口头语言；练习量大，形式多样，设计突出实用性，有利于训练学生进行成段表达；有关文化背景知识都做了阐释，每课还安排了相关的"补充材料"。

总之，我认为，这本《高级汉语口语》是一部较好的实用口语教材。

郭振华

1997 年 8 月

前　言

本书是北京大学对外汉语教学中心1996年开始编写的汉语口语系列教材中的高级部分。

这部教材以具有中级汉语水平来华进修的外国学生为主要对象。根据中级水平的学生口语能力已基本能满足日常生活的需要，渴望进一步了解中国社会现实的情况，本书有意识地选取了一些能够反映中国社会和中国人日常生活的场景编写成课文，以期能更完整全面地反映中国的现实社会，满足学习者的要求。

全书的课文以一个典型的中国家庭为主线，以类似剧本的形式展开故事情节，内容涉及中国家庭和中国社会的多个侧面。书中所选的情景和出现的人物在注重典型性的同时也注意了广泛性，尽量赋予每个人物不同的性格、背景、经历和不同的语言风格，对话力求生动、自然、得体，符合人物的身份。学习者可以随着教材中的人物走进中国家庭，融入中国社会，以便达到加深对中国社会的了解，学到真正地道的口头语言的目的。

本书所选生词以《汉语水平词汇与汉字等级大纲》中的丁级词为主，同时收入了一些用法较多、易于混淆的丙级词以及部分常用的成语。

本书共有15课，分为三个单元，在各个单元间有意识地穿插了一些与口语有关的知识介绍，目的是帮助学生扩大知识面，加深对汉语口语的认识和了解。

本书的体例以课文为主，对一些俗语、惯用语和文化色彩较浓的词语用"注释"的形式加以解释。为了帮助学生更好地理解课文，针对课文中出现的一些文化难点，每课安排了与之相关的"补充材料"。

《汉语水平等级标准与语法大纲》中提出，高级阶段的学生应该"能够就学习、社会生活的各种话题进行课堂讨论和辩论，能较有系统、较完整地发表自己的见解，并能进行答辩，能够进行大段表达。"为了达到大纲所提出的要求，本书在练习的设计上突出了实用性，以成段表达的训练为中心，循序渐进地安排了相当数量的叙述、转述、讨论和辩论题，以切实提高学生大段地连贯自如地表达的能力。

本书的编写凝聚了编者及编辑的大量心血，在编写期间，编者及编辑就全书的总体设计，文中人物的性格、情节的发展、练习的方式、口语知识的选取以及某些细节多次仔细琢磨，共同探讨，并数易其稿。出版社的沈浦娜老师，提出了许多建设性的意见。郭振华教授在百忙中为本书撰写了序言，汉语中心部分老师对本书的编写给予了热情的帮助和指教，在此一并表示感谢。

刘元满　任雪梅　金舒年

1997年4月于北京大学

主要人物表

林父

林父,退休干部。充满生活热情。喜欢养花、喜欢社交。

林母,教师,退休返聘。贤妻良母型,有些爱唠叨。

林母

林雪

林雪,林家女儿。旅行社导游。在家里、单位都非常能干。很受人欢迎。

郝阳,林雪的丈夫。在广告公司工作。稳重可靠,模范丈夫。

郝阳

林志强

林志强,林家儿子。研究生,即将毕业。健康、乐观,喜爱运动。

铃木雅子,林志强的女朋友。日本留学生,中文系学生。聪明好学。

铃木雅子

张华胜

张华胜,林志强的大学同学,公司职员。自称"美食家",爱好广泛。

主要情节

郝阳因为公司迁到新址离得远,打算添一辆汽车;由于收入来源、生活方式不同,形成了不同人群的消费现状和消费观念;林志强和同学们毕业前找工作,有的学生遇到了歧视问题,甚至要打官司;中国家庭的家务分工、孩子教育很有中国特色,在工作单位、居住的小区都是常见的话题;林父林母在女儿的"怂恿"下补拍了婚纱照,还巧遇周平的女儿,她也找到了意中人;铃木雅子热心于公益活动,又是为贫困同学组织捐款,又是参加演讲,呼吁人们保护动物;林雪的同事大陈的妻子由于工作节奏太快而有了一些"亚健康"的症状,医生给了她一些好的建议;郝阳被邀请作为嘉宾,参加学校一个关于广告的座谈会,人们对广告都有话要说。

目 录
Contents

第一课	名牌就是名牌	1
第二课	我想去公司工作	12
第三课	清官难断家务事	23
口语知识（一）	汉语新词语	35
第四课	一定将官司进行到底	40
第五课	可怜天下父母心	52
第六课	钱老是不够花	65
口语知识（二）	汉语中的成语、俗语、惯用语和歇后语	76
第七课	婚姻就像一双鞋	81
第八课	让世界充满爱	94
第九课	有什么别有病	107
口语知识（三）	普通话的轻声词和儿化词	120
第十课	出国留学就那么好吗	126
第十一课	广告是多还是少	138
第十二课	献一点儿爱心给动物朋友	149
口语知识（四）	汉语高级口语常用结构及表达法	162
总词语表		172
句式练习总表		181

第一课　名牌就是名牌

热身话题

1. 你有哪些名牌的东西？
2. 你知道哪些名牌产品（服装、化妆品、电器、汽车等）？
3. 高档和名牌有什么关系？

本课人物：郝阳、林雪、张华胜、刘玉玲、售货员。

场　　景：刘玉玲陪张华胜去买衣服，路过广场时，突然看到郝阳和林雪正在露天茶座休息，就走了过去。

华　胜：　林姐，郝大哥，真是你们！我以为看花了眼呢！

林　雪：　啊，你们二位也到这边来了？这么巧！

华　胜：　怎么两手空空的，没有买到满意的东西？

林　雪：　哪儿啊，我们是来看车的。你大哥原来上班离家很近，走路也不过十几分钟，可是最近他不是调到总公司去了吗？离家远多了，一辆车就不够用了，想再买辆车。今天正好有空儿，就一块儿出来看看。

华　胜：　要买新车？恭喜恭喜！看来你们事业蒸蒸日上啊。（开玩笑道）你们是买宝马呀，还是买奔驰？

林　雪：还劳斯莱斯呢！宝马也好，奔驰也好，价位都不低。所以我打算买价格适中、性能也不错的；可你大哥呢，坚持要买高档车，说不仅质量放心，看起来也很有派头。可是买高档车就得考虑花费的问题，车的价格就不用说了，保险费也低不了；还有停车的问题，旧车停在露天也就罢了，高档车谁舍得让它风吹日晒？所以得考虑买一个或租一个地下车位。这样一笔一笔算下来，就怕买得起车，养不起车。再说呢，咱们买车只是把它当作代步工具，高档车的什么分区空调啦、夜视系统啦，好多性能都不大能用得上。所以我还是觉得中档车更实惠。

郝　阳：你们听听，我们这位考虑得多实在。不过，话又说回来，这车一买就得用好几年，也属于固定资产。我又经常跟客户打交道，好车也是实力的象征，不能马虎对待。

华　胜：我同意郝大哥的话，买车当然就要买高档的。车不像衣服，说换就换，再说你们的工作都不错，与其将来后悔，不如现在下点儿决心，买一辆自己喜欢的。贷点儿款也行啊。

林　雪：你说的也有道理。对了，我们都倾向于买SUV，车型漂亮，也很宽敞，周末一家人开出去玩儿也足够了。我们再多看看，"货比三家"嘛。哎，说了半天，你们俩干吗来了？不会只是来逛大街吧？

玉　玲：华胜哪有这个闲工夫？他下周要跟外商谈笔大生意，说以前的衣服都不太适合这种场合，想再买一套把自己"包装"一下，硬拉我来当参谋。

林　雪：（对华胜）你算找对人了，玉玲挑衣服很有眼光。正好我也想去逛逛，郝阳，一起去吧。

郝　阳：你饶了我吧，我最怕逛商场了。你们去，我在这儿看会儿微信，最近几天都没顾上好好看。我等你们回来。

林　雪：那不勉强你了，等急了就给我打电话。

（张华胜在店里试西服）

林　雪：哇，真是"人是衣服马是鞍"，华胜这西服一穿，我都不敢认了。

第一课 名牌就是名牌

玉　玲：是啊，真合身，简直就像量身定做的一样。

林　雪：玉玲，你看华胜这么一穿，像不像偶像剧里的男主角？

华　胜：别拿我开心了。你们觉得这套衣服质量怎么样？

林　雪：嗯，颜色、样式都不错，质地、手感也挺好，就是……价钱高了点儿。

售货员：一分钱一分货嘛。我们是专卖店，这款西服由意大利设计师设计，做工绝对一流，每款只有两套，我们另外赠送一条皮带。

华　胜：皮带就算了，我正好缺一双皮鞋，换成那双"老人头"吧。

售货员：先生您真幽默！很抱歉，我们这里都是一口价，赠品也不是我说了算。

华　胜：行了，就是它了。您给开票吧。

（中午时分，三人与郝阳会合，一起去一家餐馆吃饭）

林　雪：我真服了。华胜一看是名牌，根本不问价钱。我说，你们男的是不是都有名牌情结呀？

郝　阳：别扣大帽子啊！这么说吧，名牌是"高质量、高信誉"的代名词，某种程度上，也是一种身份、地位的象征。华胜穿上这么一身去谈生意，那感觉就和开奔驰、宝马一样，特自信，对不对？

华　胜：可不是嘛。我对名牌，可以说是情有独钟。有些场合开名车、穿名牌，特有成功人士的感觉。另外还有一个重要原因，跟人谈生意，服装正式一些、庄重一些，也体现了对对方的尊重。你们说是不是？

林　雪：我倒不是一概反对你们买名牌。不错，名牌代表着"高质量、高信誉"，但同时，它也代表着"高价位"呀。有钱的大款毕竟是少数，大多数的老百姓，买不买名牌，还是会三思而后行的。

郝　阳：最近我们公司做了一次调查，发现有相当数量的年轻人对高档名牌有一种盲目的崇拜心理，他们不顾自己的经济条件，互相攀比，甚至一掷千金，目的只是想借名牌来抬高自己的身价。

林　雪：那肯定要陷入超前消费的怪圈。不过年轻人是社会重要的消费群体，有些东西不超前消费还不行，就像买房和买车一样。

华　胜：你们说的是有道理。我并不是攀比，也不是超前消费。之所以喜欢买名牌，是因为平时工作忙，没时间也没耐心去逛商场，买名牌主要图的是放心。

玉　玲：不过我觉得买名牌的还是少数。你们看前面那家百货商场，本来挺受欢迎的，但前两年走精品路线，花大钱装修了好几个月，重新开业后却门可罗雀，一直亏损，现在又改回走亲民路线了。

华　胜：看来我也得改改消费习惯了。不然大手大脚惯了，将来恐怕连家也养不起呀。

林　雪：你呀，现在明白也不晚哪。

词　语

1	两手空空	liǎng shǒu kōngkōng		手里没有什么东西。
2	蒸蒸日上	zhēngzhēng rì shàng		比喻事业一天天向上发展。
3	价位	jiàwèi	（名）	一般指商品和服务价格所处的档次，用高、中、低三档划分等级。
4	适中	shìzhōng	（形）	合适，此处指不太贵也不太便宜：价格~。
5	派头	pàitóu	（名）	气派：有~｜~十足。
6	高档	gāodàng	（形）	高级档次的（商品、服务等）。一般质量好，价钱贵：~住宅｜~服装。
7	露天	lùtiān	（名）	指在房屋外，没有遮挡：~影院｜~演唱会。
8	风吹日晒	fēngchuī rìshài		寒风吹，烈日晒。
9	车位	chēwèi	（名）	停车的位置。
10	代步工具	dàibù gōngjù		代替走路的交通工具。
11	中档	zhōngdàng	（形）	中级档次的（商品、服务等）。
12	实惠	shíhuì	（形）	有实际的好处。
13	固定资产	gùdìng zīchǎn		不变动、不移动的资产。
14	客户	kèhù	（名）	顾客，客商。customer
15	实力	shílì	（名）	实在的力量：~雄厚｜~演员｜有~。
16	贷款	dài kuǎn		to loan：银行~｜低息~。

17	包装	bāozhuāng	（动）	原指商品的包装，在此指人打扮自己。
18	合身	héshēn	（形）	衣服穿在身上很合适。
19	量身定做	liàng shēn dìng zuò		根据身体的尺寸特别做的。
20	质地	zhìdì	（名）	某种材料的性质：～讲究。
21	手感	shǒugǎn	（名）	手摸上去的感觉。
22	做工	zuògōng	（名）	指制作的技术和质量。
23	赠品	zèngpǐn	（名）	赠送的物品。
24	情结	qíngjié	（名）	深藏心底的感情：恋父～。
25	信誉	xìnyù	（名）	信用和名誉。
26	代名词	dàimíngcí	（名）	替代某种名词、词语或说法的词语。
27	情有独钟	qíng yǒu dú zhōng		对某事或某物有特别喜爱的感情。
28	庄重	zhuāngzhòng	（形）	严肃、稳重，不随便。
29	一概	yígài	（副）	全部如此，没有例外。
30	大款	dàkuǎn	（名）	拥有较多钱财的人。
31	崇拜	chóngbài	（动）	崇敬，钦佩：～名人｜十分～。
32	攀比	pānbǐ	（动）	多指在物质方面和别人比较。
33	一掷千金	yí zhì qiān jīn		形容挥霍无度，花钱数量很大。
34	身价	shēnjià	（名）	指人的社会地位：～不菲。
35	陷入	xiànrù	（动）	落入或处于不利的境地。
36	怪圈	guàiquān	（名）	比喻难以摆脱的某种怪现象。
37	图	tú	（动）	为了；贪图：～方便｜～钱。
38	精品	jīngpǐn	（名）	精良的物品：～店。
39	装修	zhuāngxiū	（动）	对房屋居室的装潢和装饰。
40	门可罗雀	mén kě luó què		大门前可以张起网来捕捉麻雀。形容十分冷落，宾客稀少。
41	亏损	kuīsǔn	（动）	（多指经营）支出超过收入。

注　释

1. **看花眼**

    看错了。

2. **宝马、奔驰、劳斯莱斯**

    著名汽车品牌，分别为 BMW、Benz、Rolls-Royce。

3. **SUV**

    全称是 Sport Utility Vehicle，运动型多用途汽车。

4. **货比三家**

    买东西时要在不同的商店多比较一下再做决定。

5. **微信**

    WeChat，一种网络通讯工具。

6. **人是衣服马是鞍（ān）**

    鞍，放在牲口背上运东西或供人坐的器具。saddle。人穿上好衣服就漂亮，马配上好鞍子就好看。形容衣服对人外表很重要。也可写成"人凭衣服马凭鞍"。

7. **一分价钱一分货**

    花一分钱只能买一分钱的货物。比喻价格高货物就好，价格低货物就差。

8. **老人头**

    著名皮具皮鞋品牌。Leonardo。

9. **一口价**

    一次讲定的价钱，不能讨价还价。

10. **扣（大）帽子**

    随便把不好的名目加在别人头上。

11. **三思而后行**

    经过仔细思考以后再决定怎么做。形容处事谨慎。

练 习

（一）课文部分

一 用正确的语调朗读下列句子：

1. 林姐，郝大哥，真是你们！我以为看花了眼呢！
2. 要买新车？恭喜恭喜！
3. 你们是买宝马呀，还是买奔驰？
4. 哎，说了半天，你们俩干吗来了？不会只是来逛大街吧？
5. 华胜哪有这个闲工夫？
6. 你饶了我吧，我最怕逛商场了。
7. 华胜这西服一穿，我都不敢认了。
8. 大手大脚惯了，将来恐怕连家也养不起呀。

二 请说出下列各句中画线部分的真正含义：

1. 我以为<u>看花了眼</u>呢！
2. <u>还劳斯莱斯呢</u>！
3. 我们再多看看，<u>"货比三家"</u>嘛。
4. <u>华胜哪有这个闲工夫？</u>
5. 真是<u>"人是衣服马是鞍"</u>，华胜这西服一穿，<u>我都不敢认了</u>。
6. 我们这里都是<u>一口价</u>，赠品也不是<u>我说了算</u>。
7. <u>行了，就是它了</u>。您给开票吧。
8. 别<u>扣大帽子</u>啊！
9. 现在又改回<u>走亲民路线</u>了。

三 根据课文内容回答下列问题（请使用提示词语）：

1. 郝阳和林雪为什么到商场来？

    （看车 走路 最近 总公司 不够用）

2. 林雪夫妻对买车有什么不同的看法？

    （适中 坚持 高档 不仅 派头 货比三家）

3. 林雪为什么说高档车费用比较高？

    （价格 保险费 露天 风吹日晒 地下车位）

4. 华胜和玉玲到商场来买什么？
 （谈生意　适合　包装　参谋）

5. 华胜试的那件衣服怎么样？
 （量身定做　颜色　样式　质地　手感　设计　做工）

6. 华胜买名牌的心理是什么？
 （情有独钟　场合　成功人士　另外　体现　尊重）

7. 林雪对名牌有什么看法？
 （一概　代表　同时　高价位　大款　老百姓　三思而后行）

8. 有些年轻人对名牌有什么样的看法？
 （盲目　崇拜　不顾　攀比　一掷千金　抬高）

（二）词语部分

一 标出下列词语的读音，然后在句中填入适当的词语：

派头　　价位　　实惠　　攀比　　身价　　崇拜　　信誉　　盲目

1. 他在歌手大赛中得了冠军以后，（　　　　）猛涨。
2. 我喜欢买换季打折商品，我觉得很（　　　　）。
3. 有的家长看到别人的孩子有钢琴，就也给自己的孩子买一架，根本不管孩子是否有兴趣，这种（　　　　）（　　　　）我很不以为然。
4. 他西装革履，开着"大奔"，看起来（　　　　）十足。
5. 网上的房子很多，但面积、（　　　　）、地段都合适的并不多。
6. 商场如战场，良好的（　　　　）是致胜的法宝。
7. 我最（　　　　）那位白手起家的企业家，他是我的偶像。

蒸蒸日上　　量身定做　　情有独钟
门可罗雀　　一掷千金　　风吹日晒

8. 快递员一年到头东奔西跑、（　　　　）的，真的很辛苦。
9. 他退休以后，家里变得冷冷清清、（　　　　），一时有些难以适应。

10. 他们公司的业务（　　　　），效益日增，听说要开分公司了。
11. 听说这个故事的原型就是她，这个角色是电影公司专门为她（　　　　）的。
12. 我对精致小巧的手工艺品可谓（　　　　），家里的书柜都摆满了。
13. 他是一位收藏家，看到喜欢的古董，不惜（　　　　）也要买到手。

二　从所给的答案中选择一个，完成句子：

1. 我们是精品店，价优物美，不能（讨价还价 / 一口价）。
2. （你饶了我吧 / 你看我的吧），我眼光不俗，挑衣服最拿手了！
3. 婚姻大事不可草率，应该（三思而后行 / 毫不犹豫）。
4. 你听说过"高大上"吗？意思是高端、大气，档次（高 / 中 / 低）。
5. 他们这家超市直接从农民那里进货，走的是（精品路线 / 亲民路线），每天（门可罗雀 / 人头攒动），非常热闹。
6. A：你的演讲把我的眼泪都引出来了，一定能得大奖。
   B：（别拿我开心 / 别扣帽子 / 别拍马屁）了。

三　使用画线词语简单回答下列问题：

1. 你觉得怎样才算是有<u>派头</u>？
2. 什么时候你需要朋友给你当<u>参谋</u>？
3. 你有没有<u>情有独钟</u>的东西？
4. 你遇到什么样的事会<u>三思而后行</u>？
5. 在你们国家有没有互相<u>攀比</u>的现象？简单举个例子。
6. 为了什么事你可以<u>一掷千金</u>？
7. 现在大都市里有没有<u>门可罗雀</u>的地方？

（三）句式部分

用给出的词语改说或完成句子：

1. ……也好，……也好

   宝马也好，奔驰也好，价位都不低。

   （1）不管一个人旅行还是和朋友一起去旅行，最重要的是要注意安全。
   （2）儿女时常回家看看父母，老人家就会很高兴，买不买东西倒无所谓。
   （3）他一年四季都坚持跑步锻炼身体……
   （4）练习口语的方法有很多……

（5）我觉得结婚是两个人的事，……

2. 与其……不如……

与其将来后悔，不如现在下点儿决心，买一辆自己喜欢的。

（1）自己研制太浪费时间，应该充分利用已有的研究成果。

（2）发展经济不能以破坏环境为代价。这样的经济发展我们还是不要为好。

（3）"黄金周"期间去旅行的人太多了……

（4）他今年没有考上理想的大学……

（5）A：周末我想待在宿舍好好休息。

B：……

3. ……之所以……，是因为……

（我）之所以喜欢买名牌，是因为平时工作忙，没时间也没耐心去逛商场。

（1）我选择在这所学校学习，原因是它的教学质量很好，学费也不太高。

（2）酒后驾车既害人又害己，因此有关部门加大了对醉酒驾驶的惩罚力度。

（3）我们不提倡使用一次性筷子……

（4）在公共场所吸烟的人越来越少了……

（5）有些条件相当优秀的人成为了"剩男""剩女"……

4. ……图的是……

买名牌主要图的是放心。

（1）我认为来中国留学可以学到地道的汉语。

（2）我和我太太结婚，不是因为她漂亮，而是她心地善良，我们很合得来。

（3）他在学校附近租了一套公寓……

（4）我的同屋买了一辆二手车……

（5）爸爸每天早出晚归拼命工作……

5. 看来……，不然……

看来我也得改改消费习惯了。不然大手大脚惯了，将来恐怕连家也养不起呀！

（1）应该禁止砍伐原始森林，如果不这样，生存环境将更一步恶化。

（2）你开的玩笑可能太过分了，要不她不会气得脸都白了。

（3）我以后应该多花一些时间陪孩子……

（4）A：听说老王得心脏病住院了，他还不到五十岁呢。

　　B：……

（5）A：我花了那么多时间拼命学习，可是学习成绩一点儿也没提高。

　　B：……

（四）任务与活动

一　调查与讨论：

1. 根据下表，分组调查几位同学知道的名牌产品。

种类	牌子	特点	评价
化妆品			
饰品			
运动用品			
服装			
生活用品			
汽车			
其他			

2. 根据上题的调查结果，讨论一下人们对名牌的看法。（可参考下列词语）

> 质量、外观、工艺、设计、耐用性、售后服务……
> 虚荣心、面子、品位、地位、经济实力……

二　辩论题：

就"对年轻人追求名牌怎么看"这个题目把班里同学分成两组（正方和反方）。各人在课下用网络搜集相关资料，整理出各自的论点、论据，然后分组进行辩论。

第二课　我想去公司工作

热身话题

1. 现在什么工作比较受欢迎？
2. 你喜欢什么样的工作？
3. 什么样的毕业生比较容易找到工作？

本课人物：林志强、同学陈健、招聘方、记者。

场　　景：陈健陪志强参加毕业生供需见面会。

（两人在会场中的休息处休息）

陈　健：　我说志强，刚才那个蓝天出版社招经济方面的编辑，还有那个经济研究所今年也要人。这些地方都不错，你不打算试试？

志　强：　我这个人你知道，天生的好动不好静。让我整天坐办公室，那简直是活受罪。像什么公务员啦、研究人员啦，还有企业的科室人员什么的，对我都不大合适。再说搞经济的，哪能总是纸上谈兵？哟，说走嘴了，你读博士我可是完全赞成，你挺适合做研究的，我呢，可以把你的研究成果运用到实践中去。

陈　健：你真会说话，就凭这一点，你也应该到公司去干。哎，你女朋友对你的工作怎么看？

志　强：她不太愿意我去公司。她父亲就在公司工作，成年累月东奔西跑的，平时忙得连孩子的面都很难见着。家里的大事小情基本上都由她妈妈一个人操持。她不太喜欢这样的家庭格局，所以，她倒是更愿意我去教书或做公务员，既稳定又没有太大风险，可以有更多的时间跟家人在一起。不过，不愿意归不愿意，我决定要做的事，她一般是不会反对的。

陈　健：这样的女朋友现在可不多啦，你真有福气。我们那位就没这么好说话了。其实，你女朋友说的也有道理，都是工作，为什么一定要去公司？你看张华胜，钱倒是不少挣，可成天不是加班就是出差，连和女朋友约会也要见缝插针，将来成家后还真指望不上他。

志　强：哎，平时看你不是个婆婆妈妈的人呀，今天怎么太阳从西边出来了？

陈　健：我是让我女朋友给教育的，我觉得虽然她的看法有点儿片面，但仔细想想也有些道理。真该好好想想人活在世上到底是为了什么。

志　强：哟，越来越深沉了。哪天有空儿跟你好好聊聊。对了，有几家国企也来了，我上网查过他们的资料，实力雄厚啊。机会千载难逢，我可不想错过。

（来到招聘单位的桌子旁）

志　强：你们好！我叫林志强，经济学院毕业生。这是我的简历。

招聘方：（看简历，点头）嗯，经济学硕士，学生会干部，还在公司里兼过职，英语六级，会编电脑程序，参加过社会公益活动。哦？你还参加过国家级的研究项目。还得过高校摄影比赛二等奖哪！不错！像你这样多才多艺的人我们很欢迎啊。不过，林同学，在我们公司工作是很辛苦的，加班、出差是家常便饭；另外，我们这里只是大公司下的一个分公司，刚刚成立不久，和一些公司比起来，条件和待遇都不算太好，你要好好考虑哟。

志　强：辛苦一些算不了什么，只要能发挥自己的能力比什么都好。

招聘方： 那你能不能告诉我们，如果你来我们公司，你将有什么打算？

志　强： 我是学经济的，我对经济管理很有兴趣，将来在这方面做点儿事情是我最大的愿望。我对贵公司有些了解，你们的规模不小，发展前景广阔。我想如果有机会能进入贵公司工作，一定能学到很多有用的东西，也一定会有更多的锻炼机会。

招聘方： 嗯，这样吧，你先把简历留下，把这份表填一下。我们回去以后研究研究，多则一个星期，少则两三天，我们会通知你结果。

（志强、陈健正要走出会场，一位报社女记者走过来）

记　者： 你们好！同学，我是晚报的记者，可以问几个问题吗？

志　强： 可以。

记　者： 就你所知，今年的毕业生中，比较热门的职业是什么？

志　强： 就我周围的同学来说，报考政府公务员的特别多；其次是大企业、大公司；还有就是出国深造、继续读博，将来打算在高校或研究所工作。就我个人来说，为了发挥专业特长，我的第一选择是去国企或外企，大的民营企业也行，饭店管理也可以考虑。

记　者： 那你能不能谈一谈，把大企业、大公司当作第一选择是因为薪酬比较高吗？

志　强： 一般来说，大企业、大公司技术力量比较雄厚，运作和管理比较规范，市场营销也比较成熟。在这样的公司工作，有利于自己开阔眼界，增长见识，个人提升的空间比较大，发展的机会也相对比较多。当然了，高薪酬、高收入也挺有吸引力的，这也是要考虑的重要因素之一吧。

记　者： 你想没想过将来自己创业办公司？

志　强： 不瞒您说，上学的时候还真做过白手起家、创出一番事业的美梦。但后来发现创业并非轻而易举的事情。市场竞争非常激烈，像我们这些刚刚走出校门的学生，没有一定的实践经验做基础，是很难在市场上立足的。不过，也许吧，等将来条件成熟了，也许会试一试的。

记　者：希望你能美梦成真。（对陈健）这位同学找到合适的单位了吗？
陈　健：我是学国际金融的，我要继续读博士，暂时没有找工作的压力。今天只是陪朋友来看看，也算是为将来毕业找工作提前做点儿准备吧。
记　者：现在国际金融方面的人才很受欢迎啊，是不是还打算出去留学啊？
陈　健：现在还说不好，不过读博士期间也能到国外去进修一段时间，如果有联合培养的机会，我一定会积极争取的。
记　者：也祝你一切顺利！谢谢你们接受我们的采访。
志　强：不客气。
陈　健：

词　语

1	招聘	zhāopìn	（动）	用公开告示的方式招人：~单位｜~志愿者。
2	天生	tiānshēng	（形）	天然生成的：~残疾｜~的才能。
3	公务员	gōngwùyuán	（名）	政府机关的工作人员。
4	科室	kēshì	（名）	管理部门中各科、室的总称。
5	纸上谈兵	zhǐ shàng tán bīng		比喻不联系实际情况，空发议论。
6	凭	píng	（介）	根据，靠：~能力｜~什么。
7	成年累月	chéng nián lěi yuè		整年、很多月。形容时间长。
8	操持	cāochí	（动）	料理、处理：~家务。
9	格局	géjú	（名）	结构和格式。
10	风险	fēngxiǎn	（名）	可能发生的危险：高~｜降低~。
11	福气	fúqì	（名）	享受幸福生活的命运：有~｜好~。
12	见缝插针	jiàn fèng chā zhēn		比喻利用一切可以利用的时间和空间。
13	指望	zhǐwàng	（动）	一心期望，盼望：~孩子｜~社会。
14	婆婆妈妈	pópomāmā	（形）	形容说话啰唆或办事不干脆。
15	深沉	shēnchén	（形）	沉着持重，思想感情有深度。

16	实力	shílì	（名）	实在的力量或能力。
17	雄厚	xiónghòu	（形）	（人力、物力等）充足：~的资金｜实力~。
18	千载难逢	qiān zǎi nán féng		一千年里也难碰到一次。形容机会极其难得。
19	简历	jiǎnlì	（名）	简明扼要的履历。resume
20	硕士	shuòshì	（名）	学位的一级。master
21	干部	gànbù	（名）	担任一定的领导或管理工作的人员。
22	程序	chéngxù	（名）	事情进行的先后次序。
23	公益	gōngyì	（名）	公共的利益（多指卫生、救济等福利事业）。
24	多才多艺	duō cái duō yì		具有多方面的才能、技艺。
25	家常便饭	jiācháng biànfàn		家庭日常的饭食。比喻经常发生、已习以为常的事。
26	前景	qiánjǐng	（名）	将要出现的景象和情形：~广阔｜~美好。
27	深造	shēnzào	（动）	进一步学习、研究，使达到精深的程度。
28	民营	mínyíng	（形）	私人或群众集体经营：~企业。
29	薪酬	xīnchóu	（名）	报酬，工资。
30	运作	yùnzuò	（动）	进行工作，开展活动。
31	规范	guīfàn	（形）	合乎规定。
32	营销	yíngxiāo	（动）	经营、销售。
33	提升	tíshēng	（动）	（向上）提高、升格：~产品质量。
34	创业	chuàngyè	（动）	创办事业。
35	白手起家	báishǒu qǐjiā		形容原来没有基础而创立起一番事业。
36	并非	bìngfēi	（动）	并不是。
37	轻而易举	qīng ér yì jǔ		形容事情很容易做。
38	立足	lìzú	（动）	站得住脚，能住下去或生存下去。
39	美梦成真	měi mèng chéng zhēn		美好幻想得以实现。
40	金融	jīnróng	（名）	finance; banking
41	采访	cǎifǎng	（动）	搜集寻访。to interview

注 释

1. 说走嘴

   不小心说了不应该说的或不妥当的话。

2. 太阳从西边出来

   比喻不可能的事。

3. 做美梦

   比喻怀有不能实现的美好幻想。

4. 联合培养

   共同培养。本文指两个不同的学校之间签订协议,共同培养学生的一种方式。

练 习

(一) 课文部分

一 用正确的语调朗读下列句子:

1. 这样的女朋友现在可不多啦,你真有福气。
2. 哟,越来越深沉了。
3. 哪天有空儿跟你好好聊聊。
4. 还得过高校摄影比赛二等奖哪!
5. 像你这样多才多艺的人我们很欢迎啊。
6. 不过,也许吧,等将来条件成熟了,也许会试一试的。

二 说出下列各句中画线部分的真正含义:

1. 我这个人你知道,天生的好动不好静。让我整天坐办公室,那简直是活受罪。
2. 哟,说走嘴了,你读博士我可是完全赞成。
3. 你真会说话,就凭这一点,你也应该到公司去干。
4. 家里的大事小情基本上都由她妈妈一个人操持。
5. 平时看你不是个婆婆妈妈的人呀,今天怎么太阳从西边出来了?
6. 在我们公司工作是很辛苦的,加班、出差是家常便饭。
7. 不瞒您说,上学的时候还真做过白手起家、创出一番事业的美梦。

三 根据课文内容回答下列问题：（请使用提示词语）

1. 志强不喜欢什么样的工作？为什么？
   （好动 办公室 受罪 科室 纸上谈兵）

2. 铃木对志强的工作怎么看？
   （成年累月 操持 格局 公务员 稳定）

3. 简单介绍一下志强简历的内容。
   （硕士 干部 兼职 六级 程序 公益活动 项目 摄影）

4. 招聘方说自己是一家什么样的公司？志强怎么评价这家公司？
   （辛苦 家常便饭 分公司 待遇 条件 规模 前景 锻炼）

5. 现在比较热门的职业是什么？
   （公务员 大公司 深造 高校 研究所）

6. 为什么同学们愿意去大公司工作？
   （雄厚 规范 营销 开阔眼界 个人提升 发展）

7. 志强有没有想过自己办公司？
   （白手起家 美梦 轻而易举 竞争 实践 立足）

8. 说说陈健的情况。
   （金融 读博士 暂时 陪 做准备 留学）

（二）词语部分

一 标出下列词语的读音，然后在句中填入适当的词语：

操持 指望 提升 立足 雄厚 采访

1. 失去信誉是很难在当今社会（　　　　）的。
2. 他们公司的实力非常（　　　　），据说是世界500强企业之一。
3. 我家是典型的"男主外女主内"，爸爸在外面打拼，妈妈在家（　　　　）家务。

4. 年轻人应该把精力放在充实自己，（　　　　）能力方面，不能想歪点子。
5. 孩子像小鸟一样，长大了就飞走了，（　　　　）不上他们的。
6. 谢谢你在百忙之中接受我们的（　　　　）。

千载难逢　　轻而易举　　美梦成真　　家常便饭
多才多艺　　见缝插针　　婆婆妈妈

7. 她又会弹吉他又会唱歌，还写得一手好字，真是（　　　　）啊。
8. "成功"哪是（　　　　）的事，付出了多少努力只有成功者自己知道。
9. 中国古人有"三上"：厕上、马上、枕上，说的是看书要（　　　　），挤时间学习。
10. 一个大小伙子怎么（　　　　）的，到底喜欢不喜欢人家姑娘啊，那边等我回话呢。
11. 对从事野外工作的人来说，风吹雨淋是（　　　　）。
12. 年轻人就要有理想、有雄心！我祝愿你们每个人都可以（　　　　）！
13. 这样的宇宙奇观（　　　　），再累也要去看。

二 从所给的答案中选择一个，完成句子：

1. 哥哥曾经拜师学过书法，写春联对他来说还不是（家常便饭／小菜一碟）？
2. 我不是有意的，只是在聊天时（说走嘴／嘴太快）了。
3. 我觉得搞理论的就是（纸上谈兵／埋头研究），没有什么实用价值。
4. 弟弟是个喜欢清静的人，整天和幼儿园的小孩子打交道真是（活受罪／有福气）。
5. 玛丽利用暑假的时间参加了一个语言（进修／深造）班，感觉口语能力提高了。
6. 王东膀大腰圆，100多斤的箱子被他（轻而易举／费尽九牛二虎之力）就搬上楼了。

三 用画线词语简单回答下列问题：

1. 你觉得按照图纸制作模型是不是<u>纸上谈兵</u>？
2. 一般来说，人们会为了什么事情<u>东奔西跑</u>？
3. 有的人不排队，常常插队，可以说是"<u>见缝插针</u>"吗？
4. 什么是<u>千载难逢</u>的机会？简单举例说明一下。
5. 你觉得学好外语是<u>轻而易举</u>的事情吗？为什么？
6. 在你们国家，公司职员加班、出差是<u>家常便饭</u>吗？

（三）句式部分

用给出的词语改说或完成句子：

1. A 归 A，……

    不愿意归不愿意，我决定要做的事，她一般是不会反对的。

    （1）她对父母介绍的这门亲事不太满意，但为了家庭，她还是嫁过去了。

    （2）最近水价上涨了不少，但是浪费水的现象还是比比皆是。

    （3）我们是从小一起长大的好朋友，虽说有时也会吵架……

    （4）虽然我对老板的决定有保留意见……

    （5）人人都知道长时间看电脑屏幕对眼睛不好……

2. 不是 A 就是 B，连……也……

    （张华胜）成天不是加班就是出差，连和女朋友约会也要见缝插针。

    （1）那个地方水资源匮乏，除了沙漠就是荒滩，一棵小草都见不到。

    （2）老张正在控制饮食。他每天只吃蔬菜和水果，最喜欢的炸酱面也不吃了。

    （3）他在准备汉语水平考试……

    （4）现在走路上班、上学的人越来越少……

    （5）这个季节的天气实在很糟糕……

3. ……算不了什么，……比什么都好

    辛苦一些算不了什么，只要能发挥自己的能力比什么都好。

    （1）身体胖一点儿瘦一点儿都没关系，最重要的是健康。

    （2）他开车时发生了车祸，车子撞坏了，好在人没有受伤。

    （3）对父母来说……

    （4）我找对象最看重人品……

    （5）A：他生病住院了，要做手术，听说费用不低。

    　　 B：……

4. 多则……，少则……

   我们回去以后研究研究，多则一个星期，少则两三天，我们会通知你结果。

   （1）这次研讨会要讨论的内容很多，时间会比较长，也许一周，也许四五天，现在还没有确定。

   （2）这一落后地区的人口增长还没有得到有效控制，每家都有三四个孩子，最多的有六七个。

   （3）去美国自费留学的费用……

   （4）A：你的调查报告什么时候可以做好啊？

   　　B：……

   （5）A：多长时间才能掌握一门外语呢？

   　　B：……

5. 就你／我所知，……

   就你所知，今年的毕业生中，比较热门的职业是什么？

   （1）你能告诉我学习外语最重要的条件是什么吗？

   （2）有人说男生比女生更细心，你周围的朋友中是这样的吗？

   （3）保持身体健康的方法有很多……

   （4）北京是一个缺水的城市……

   （5）地球上的森林面积每年都在减少，环境每年都在恶化……

（四）任务与活动

一 讨论题：

1. 你找工作时最看重什么？为什么？
2. 你觉得老板在选择员工时一般最看重什么？请谈谈理由。
3. 在你看来哪些工作算是"好"工作？

二 角色扮演：

1. 模拟人才供需见面会会场

    根据下面所列的招聘职位进行角色扮演：不同人分别扮演招聘方、应聘者，表演应聘过程，由其他同学打分，看看谁表演得比较成功，能够招到人才或得到工作。

    1）广告公司业务员；
    2）留学中介公司咨询师；
    3）IT企业人力资源部职员。

2. 记者采访

    假设你是一名记者，正在人才供需见面会上就"现在就业市场的情况"这一问题分别采访应聘者和招聘方。（事先请准备采访大纲）

三 就下列问题进行调查并作汇报：

采访几位中国朋友：如果对方是学生，请了解一下他们对理想工作的看法；如果对方是已经工作的人，请询问一下他们对目前工作的满意程度以及想不想换工作、原因是什么。

第三课　清官难断家务事

热身话题

1. 你们家是怎么安排家务劳动的？
2. 你最爱做或最不爱做的家务是什么？
3. 你会选择做全职太太或全职丈夫吗？为什么？

本课人物：林雪、同事大陈、刘玉玲以及部门经理老周。

场　　景：在林雪公司，中午休息时，大家边吃饭边聊天。

林　雪：　各位，尝尝我们家那位做的"三杯鸡"。这鸡可是地道的绿色食品，在山地里散养的，吃小虫子长大。味道怎么样？

玉　玲：　（尝了一口）比我叫的外卖好吃多了！

大　陈：　哎呀，这鸡做得是不错！我得好好学学。你家先生可真是没的说呀，里里外外一把手，真是你的坚强后盾。

林　雪：　你也不落后嘛，是咱们单位公认的模范丈夫。你夫人没有后顾之忧，管着那么大一个饭店，多有成就感呀。

大　陈：　得了吧，"模范"咱可不敢当，丈夫嘛，倒是名副其实的。

林　雪：　哎，对了大陈，你前两天请假是不是家里有什么急事啊？

大　陈：咳，别提了！我爱人咳嗽了好几天，我早就提醒她去医院看看，可她说就是咽炎，自己吃了点儿药，还坚持去上班。前天晚上她说有点儿发烧，赶紧让她一试表，好家伙，39度。我马上送她上医院看急诊。大夫说是急性肺炎，得住院打点滴。我又忙着办手续，楼上楼下一通忙。等把她安顿好，都夜里三点了。那两天我又得照顾她，又得照顾孩子，所以就只好请假啦。

玉　玲：怪不得看你不像平时那么活跃，有点儿没精打采的，原来是夫人病了。要是女人都有这么一位又顾家又体贴的先生，该多幸福啊！不过，话说回来，我倒是希望我将来那位能有雄心大志，先在外面闯一闯，别整天待在家里，守着老婆孩子，婆婆妈妈的。

（老周走进来）

老　周：哟，小刘这是在批评谁呢？

玉　玲：什么批评呀，我们在说着玩儿呢。我的意思是男子汉大丈夫应该趁着年轻力壮干一番事业，别一天到晚陷在家务里边。

老　周：对，对，应该"男主外，女主内"嘛，我就喜欢贤妻良母型的女性。就像我吧，天天忙得团团转，很少能准时下班，回家后累得连话都懒得说，就想好好休息休息。要是碰上个要求丈夫分担家务、要求有个人时间的妻子，那谁受得了哇？再说男人就应该养家，女人呢，找个轻松点儿的工作也就算了。现在生活节奏那么快，工作上也是压力山大，如果俩人都拼命工作，家务和孩子没人管，家里不就乱成一锅粥了吗？所以啊，我们家是我主外，在外面挣钱；我老婆主内，在家里管家。这对她也是一种解放呀。

林　雪：这算什么"解放"呀？老周，你的高见我可不敢苟同啊。干家务可不是女人的专利。要想解放妇女，第一步就得让妇女从家庭的小圈子里走出来，让她们直接参与到社会活动中去。妇女有了工作，取得了一定的经济地位，才能真正独立；否则在经济上完全依靠男人，哪里还谈得上什么妇女解放、男女平等呀？

大　陈：要我说呀，这事很简单，谁擅长干什么就干什么。现在大家都公认，女性各方面能力都不比男人差，完全应该去从事自己喜欢而又擅长的社会劳动。就拿我们家来说吧，我爱人是饭店的高管，工作起来干劲儿大得就别提了，整天泡在单位，家里的事根本就没时间管。现在人家事业有成，当上副总经理了；可在家里呀，我还是她的主心骨。有时候她在外面遇到了什么不顺心的事，就会回家跟我唠叨唠叨；我呢，给她宽宽心，出点儿主意什么的。我觉得我们俩各自发挥了自己的长处，挺好。唉，我呀，好像有两个孩子，一个是我的宝贝儿子，一个是我那工作起来不要命的太太。

老　周：嚅，这么说，你可真是你们家的大掌柜啊。

大　陈：那还用说？别看她搞饭店管理行，在家呀，粗心着呢，把家里的事情交给她我还真不放心。

玉　玲：大陈，说起你爱人来你就眉开眼笑的。你爱人事业成功也有你的一半功劳哪。

大　陈：哎，这话我爱听。有人说事业成功并不是人生的真正目的，只有家庭幸福才是真正值得自豪的。我很欣赏这句话。在有些国家，当"全职丈夫"还是一种时髦呢。

玉　玲：在咱们周围，"全职太太"也不少呀。不过现在的全职太太跟那种传统的、整天忙家务的家庭主妇可不同了，她们一边相夫教子，一边做自己感兴趣的事情，是美容院、健身房、音乐厅、咖啡馆的常客，还有人去学习各类艺术或家政课程，或者去参加各种公益活动，人家把这叫作"找回自我，善待自己，活出女人的滋味和意义"。

老　周：嗨，咱们这叫"公说公有理，婆说婆有理"，谁也说服不了谁。反正我是觉得这种"全职太太"不错，有这样一个妻子，男人回到家，感觉该多温馨、多幸福啊！

林　雪：那照你的意思，妇女应该重新系上围裙，回到厨房了？这不是一种倒退吗？

老　周：这不是倒退，而是尊重妇女自己的愿望。妇女有走出家庭的自由，也有回到厨房的自由，这才是真正的妇女解放嘛。

大　陈：（伸懒腰）哎哟，咱们聊了半天，也该"解放解放"了吧。俗话说"清官难断家务事"，这个话题永远也不会有一个标准答案的，咱们出去活动活动怎么样？

老 周： 我本来就是来找你打乒乓球的，没想到跟你们打上嘴仗了。

词 语

1	散养	sǎnyǎng	（动）	分散饲养或放养（禽、畜等）：~动物。
2	外卖	wàimài	（名）	指饭店外送的食物：叫~｜送~｜增加~业务。
3	后盾	hòudùn	（名）	身背后的盾。比喻背后支持和援助的力量：有~｜坚强~。
4	公认	gōngrèn	（动）	公众一致认为：大家~｜被~为……。
5	后顾之忧	hòu gù zhī yōu		指后方或家里令人牵挂的烦心事。
6	名副其实	míng fù qí shí		名称或名声跟实际相符合。
7	咽炎	yānyán	（名）	病名，咽部黏膜发炎的一种病症。pharyngitis
8	急性肺炎	jíxìng fèiyán		病名，一种突然发作的肺部炎症。acute pneumonia
9	打点滴	dǎ diǎndī		IV drip
10	通	tòng	（量）	用于动作，相当于"顿""阵"等：笑一~｜吃一~｜买一~。
11	安顿	āndùn	（动）	（对人或事物）进行适当的安排，使稳定下来：~下来｜~好。
12	没精打采	méi jīng dǎ cǎi		形容情绪低落，没有精神。
13	体贴	tǐtiē	（动）	体察别人的心情和处境，给予同情和照顾：~他人｜很~。
14	雄心大志	xióng xīn dà zhì		远大的抱负和志向。
15	年轻力壮	nián qīng lì zhuàng		年纪不大，体力强壮。
16	一天到晚	yì tiān dào wǎn		整天，成天。
17	贤妻良母	xián qī liáng mǔ		既是丈夫贤惠的妻子，又是子女慈爱的母亲。

18	型	xíng	（名）	种类。type, pattern：贤妻良母~｜可爱~｜古典~。
19	团团转	tuántuánzhuàn	（形）	来回转圈。多用来形容忙碌、焦急的样子：急得~｜忙得~。
20	分担	fēndān	（动）	担负一部分：~家务｜~工作｜~费用｜~悲伤。
21	节奏	jiézòu	（名）	均匀的、有规律的活动进程。tempo：~快｜欢快的~。
22	苟同	gǒutóng	（动）	随便、轻易地同意：不敢~｜不能~。
23	高见	gāojiàn	（名）	敬辞，用于称对方的见解：你有什么~？｜说说你的~。
24	专利	zhuānlì	（名）	课文中指某件事情只属于某人。
25	擅长	shàncháng	（动）	在某方面有专长：~做家务｜~运动｜~绘画。
26	泡	pào	（动）	较长时间地待在某处，故意消磨时间：~网吧｜~酒吧。
27	事业有成	shìyè yǒuchéng		多指职业做出成绩，取得成功。
28	主心骨	zhǔxīngǔ	（名）	可以依靠的核心力量。
29	顺心	shùnxīn	（形）	合乎心意。
30	唠叨	láodao	（动）	说起来没完没了：爱~｜别~｜唠唠叨叨。
31	宽心	kuānxīn	（动）	解除心中的焦急愁闷：给朋友~｜~丸。
32	长处	chángchù	（名）	特长，优点。
33	眉开眼笑	méi kāi yǎn xiào		形容高兴的样子。
34	相夫教子	xiàng fū jiào zǐ		指女性在家里辅助丈夫，教导孩子。
35	家政	jiāzhèng	（名）	家务管理工作：~公司｜~服务员。
36	善待	shàndài	（动）	很好地对待：~他人｜~孩子｜~动物。
37	滋味	zīwèi	（名）	味道，比喻某种感受。taste; flavour
38	温馨	wēnxīn	（形）	温和芳香；温暖：~的家｜~的感觉｜~的颜色。
39	系	jì	（动）	打结，扣。to tie; to fosten; to do up：~带子｜~扣子｜~上围巾。

| 40 | 围裙 | wéiqún | （名） | 围在身前保护衣服或身体的东西。apron |
| 41 | 倒退 | dàotuì | （动） | 退回（后面的地方、过去的年代、以往的发展阶段）：历史～｜～到200年前。 |

注　释

1. 清官难断家务事

    连清正贤明的官员都很难判断家庭事务的是非。这句话比喻家庭内部的矛盾难以说清道理。

2. 三杯鸡

    菜名，在做鸡的时候用小杯子放入三杯作料，但对于哪三种作料有不同的解释：有的说是一杯油、一杯酱油、一杯酒；有的说是一杯水、一杯酱油、一杯酒；还有的说是一杯酒、一杯酱油和一杯糖。

3. 绿色食品

    在良好的生态环境中，通过无污染的生产过程生产出的安全、优质、营养的食品统称为绿色食品。

4. 没的说

    夸赞做得很完美，无法批评。

5. 里里外外一把手

    指在家里家外都很能干。

6. 模范（mófàn）丈夫

    值得作为榜样学习的好丈夫。

7. 男主外，女主内

    男人主持家庭外面的事务，女人主持家庭内部的事务。这是一种传统的家庭模式。

8. 乱成一锅粥（zhōu）

    比喻东西／事情／情况很乱。

9. 大掌柜

    旧时指商店的老板。课文中比喻掌握家庭主要权力的人。

10. **全职丈夫、全职太太**

    指丈夫或妻子不在外面工作，负责全部的家庭事务。

11. **美容院**

    以美容（通过修饰、护理使容貌美丽）为业务的商业机构。

12. **健身房**

    为人们锻炼身体而修建或装备的屋子。

13. **公说公有理，婆说婆有理**

    意思是各有各的道理，难以下定论。

14. **打嘴仗**

    指吵架、争论。

练　习

（一）课文部分

一　用正确的语调朗读下列句子：

1. 比我叫的外卖好吃多了！
2. 得了吧，"模范"咱可不敢当，丈夫嘛，倒是名副其实的。
3. 赶紧让她一试表，好家伙，39度。
4. 要是女人都有这么一位又顾家又体贴的先生，该多幸福啊！
5. 对，对，应该"男主外，女主内"嘛。
6. 这算什么"解放"呀？老周，你的高见我可不敢苟同啊。
7. 唉，我呀，好像有两个孩子，一个是我的宝贝儿子，一个是我那工作起来不要命的太太。
8. 嚄，这么说，你可真是你们家的大掌柜啊。

二　说出下列各句中画线部分的真正含义：

1. 你家先生可真是<u>没的说</u>呀，<u>里里外外一把手</u>，真是你的<u>坚强后盾</u>。
2. 咳，<u>别提了</u>！我爱人咳嗽了好几天，我早就提醒她去医院看看，……
3. 希望我将来那位能有雄心大志，先在外面<u>闯一闯</u>，别整天待在家里，守着老婆孩子，<u>婆婆妈妈</u>的。

4. 对，对，应该"男主外，女主内"嘛，我就喜欢贤妻良母型的女性。
5. 你的高见我可不敢苟同啊。干家务可不是女人的专利。
6. 咱们这叫"公说公有理，婆说婆有理"，谁也说服不了谁。
7. 我本来就是来找你打乒乓球的，没想到跟你们打上嘴仗了。

三 根据课文内容回答下列问题：（请使用提示词语）

1. 同事们怎么看林雪的丈夫？
   （没的说　里里外外一把手　坚强后盾）

2. 大陈前几天为什么要请假？
   （提醒　坚持　一通忙　安顿　又得……，又得……）

3. 玉玲认为男人应该是什么样的？
   （趁着　年轻力壮　一番　一天到晚　陷　婆婆妈妈）

4. 老周对男女在家庭中的不同作用是怎么看的？
   （男主外，女主内　贤妻良母　团团转　分担　……也就算了　所以啊，……）

5. 林雪为什么不同意老周的观点？
   （专利　第一步　家庭的小圈子　直接　有了……，取得了……，才能……，否则……）

6. 大陈说的"这事很简单"具体是什么意思？
   （谁……就……　公认　……而又……的……　就拿……来说吧　主心骨　长处）

7. 大陈怎么看待自己在家庭中的角色？
   （大掌柜　别看……　功劳　人生　自豪　欣赏）

8. 玉玲认为现代的全职太太有什么特点？
   （和……不同　一边……，一边……　是……的常客　还有人　这叫……）

（二）词语部分

一 标出下列词语的读音，然后在句中填入适当的词语：

名副其实　　没精打采　　后顾之忧　　雄心大志　　婆婆妈妈
年轻力壮　　一天到晚　　贤妻良母　　相夫教子

1. 在中国，父母退休后常常会帮子女照顾第三代，这样他们的子女工作起来就没有（　　　　）了。
2. 我妈妈（　　　　）忙家务，把家里打扫得窗明几净，一尘不染。
3. 他一直有个（　　　　），就是等有钱又有闲的时候，带着父母来一次环球旅行。
4. 小雅结婚生子后，在（　　　　）的同时也没有放弃自己的工作，真是挺不容易的。
5. 世界杯比赛期间，他天天熬夜看球，一场都没错过，真是个（　　　　）的球迷啊！
6. （　　　　）的时候不努力去实现自己的梦想，难道等老了再去后悔吗？
7. 小王喜欢（　　　　）型的女性，别给他介绍那种事业心特强，成天忙工作的女孩儿。
8. 早上老师发了昨天小测验的卷子，一看到那个大大的"C"，她一整天都（　　　　）的。
9. 你总是这样，说话做事（　　　　）的，一点儿都不像个男子汉！

二 从所给的答案中选择一个，完成句子：

1. 家庭中（难免会有矛盾，而且有时候很难分清谁是谁非／有很多家务事，即使叫一个法官来也无法判断哪些该做哪些不该做），所以俗话说，清官难断家务事。
2. 生活在竞争激烈的现代社会，人们在生活、学习和工作上压力都很大，（节奏慢一点儿也没关系／一步落后，步步落后）。
3. 我和弟弟一见面就打嘴仗，（所以我都不爱跟他一起玩儿了／所以我老爱跟他一起玩儿）。
4. 老李在家（什么都管／油瓶子倒了都不扶），真是里里外外一把手啊！
5. 小王家里有坚强的后盾，（所以工作起来得心应手／所以工作起来没有后顾之忧）。
6. 她这个人（工作起来没精神／工作的时候特别投入），就知道整天围着孩子团团转。
7. 你说的话（言之成理／缺乏依据），你的高见我可不敢苟同！

8. 球队的老教练（又有了新的战术／又回来了），队员们一下子又有了主心骨。
9. 王教授事业有成，（教学和科研都取得了出色的成绩／妻子和孩子都觉得他很可靠）。
10. 他妻子说他是家里的大掌柜，（大事小事都不归他管／大事小事都由他做主）。

三 简单解释下面画线部分的意思：

1. 在你周围，谁是<u>名副其实</u>的、<u>公认</u>的"学霸"？
2. 你父母一代有什么<u>后顾之忧</u>吗？
3. 你在医院<u>打过点滴</u>吗？什么病需要打点滴？
4. 看你<u>没精打采</u>的，是不是昨晚又熬夜了？
5. 那位家长怎么啦？看她在学校门口急得<u>团团转</u>。
6. 网络带来一些社会问题，你对此有何<u>高见</u>？
7. 在你们家谁是<u>主心骨</u>？
8. 在外奋斗和在家里<u>相夫教子</u>，你更倾向于哪一种？

（三）句式部分

用给出的词语改说或完成句子：

1. ……可真是没的说呀

    你家先生可真是没的说呀，里里外外一把手，……

    （1）我生病的时候，我的同屋一直细心地照顾我，她对我真是太好了。
    （2）我弟弟是个神童，心算的速度快极了，老师同学都对他刮目相看。
    （3）这种西瓜又沙又甜……
    （4）我昨天新买的这本书……
    （5）A：你经常提到你的小学老师，看起来你很喜欢她呀。
    　　B：……

2. 别提了／……就别提了／别提多……了

    咳，别提了！

    我爱人是饭店的高管，工作起来干劲儿大得就别提了／干劲儿别提多大了。

    （1）我妈妈年轻的时候漂亮极了，就是现在看起来也是光彩照人，风韵犹存。

（2）我们在海南岛住的那个饭店相当豪华，各种服务设施一应俱全。

（3）昨天的乒乓球比赛我们班输得可惨了……

（4）A：什么事儿这么着急呀？看你满头大汗的样子。

　　B：……

（5）A：你女朋友收到你的生日礼物一定高兴坏了吧？

　　B：……

3. 受得／不了

　　要是碰上个要求丈夫分担家务、要求有个人时间的妻子，那谁受得了哇？

（1）公共汽车里人多极了，又闷又热，让人觉得难受极了。

（2）我爸爸在家里特别专制，全家人什么都要听他的，我越来越忍受不了了。

（3）为了提高我的汉语水平……

（4）A：听说去牙科看病会很疼的，我很害怕，真不想去了。

　　B：……

（5）A：听说你搬到校外去住了？房子怎么样？

　　B：……

4. 谈得／不上

　　……，哪里还谈得上什么妇女解放、男女平等呀？

（1）这篇文章只能说是一篇报告，根本不符合论文的要求。

（2）他只是一个普通的医生，不是什么专家，治不了复杂的病症。

（3）这本书的内容……

（4）他在游泳方面很有天分……

（5）A：听说这座山是你们这里最有名的景观，是这样吗？

　　B：……

5. 谁也……不了谁

　　咱们这叫"公说公有理，婆说婆有理"，谁也说服不了谁。

（1）两个柔道运动员互相抓住对方的衣服，扭打在一起，要想取胜都很难。

（2）这一周是考试周，我的朋友们都特别忙，要想请他们帮忙是很难的。

（3）夫妻俩都病得不轻……

（4）老师今天讲的内容大家都没听明白……

（5）A：法庭辩论进行得怎么样？

　　　B：……

（四）任务与活动

一 讨论题：

1. 你自己家里或亲戚、朋友的家里是怎么安排家务事的？你怎么评价他们？
2. 请设想一下：（1）妻子很想工作，但丈夫希望她在家料理家务，妻子该怎么办？
（2）丈夫下班后想休息，但妻子希望他和自己一起做家务，丈夫该怎么办？
3. 男女平等最重要的标志是什么？如何才能实现真正的男女平等？

二 就下列问题进行调查并作汇报：

1. 请调查周围的朋友们最爱做和最不爱做的家务，分析一下其中的规律。

姓名	爱做的家务	不爱做的家务

2. 调查至少三个朋友，看看他们的家庭是如何安排家务的以及家务劳动有没有对他们的家庭关系产生影响。

三 辩论题：

甲方：要实现男女平等，妇女必须走出家门

乙方：要实现男女平等，妇女不一定要走出家门

口语知识（一）

汉语新词语

中国自改革开放以后，社会发生了巨大的变化，政治、经济、文化等诸多方面都出现了许多新概念，大量新词语随之产生并得到广泛使用。你可能经常听到甚至使用以下词语：

> 1. 政治类：扶贫、打黑、严打、反贪、扫黄、造假
> 2. 工商类：转轨、认证、涉外、创汇、外来工、强强联合
> 3. 经济类：融资、上市、期货、股份制、价格战
> 4. 科技类：上网、克隆、人机对话、宽带、智能、高科技
> 5. 商业类：甩卖、导购、传销、专卖店、闪亮登场、直销
> 6. 文教类：考研、考博、博导、扩招、专升本、失学、考级
> 7. 体育类：甲A、五连冠、俱乐部制、健美操、黑哨、残运会、团队精神
> 8. 演艺类：盗版、三栖、影视圈、黄金强档、热播、回放、T型台、明星效应
> 9. 医疗类：氧吧、食疗、变性、代孕、排毒、空调病、亲子鉴定
> 10. 社会类：钟点工（小时工）、生态公园（厕所）、彩民

一、构成特点

有的词依靠类推而来，如：

> ~龄：医龄、房龄、歌龄、官龄、癌龄、刊龄
> 竞~：竞拍、竞猜、竞答、竞标、竞买
> 网~：网民、网站、网虫、网吧、网迷、网恋

有的词采用缩略法构成，如：入世（加入世界贸易组织）、减负（减轻学生课外负担）、医改（医疗制度改革）、律考（律师资格考试）、三陪（陪唱、陪酒、陪舞）。

二、来源

1. 来自外来语：

属于英语的如：

> 丁克、厄尔尼诺、黑客、克隆、马赛克、伟哥、酷、迷你、曲奇、桑拿、微软、在线、蹦极、白领、病毒、工作日、蓝领、猫步、全天候、热线、任意球、软件、视窗、特快专递、同居、性骚扰、硬件、自由港、自助餐……

也有一些来自英文的字母词，如：

> APEC、BBS、CCTV、CD、CPU、DJ、EQ、E-MALL、IQ、KTV、MP3、VIP、WTO……

属于日语的有：

> 刺身、写真、放送、人气、料理、寿司、特卖、物语、一级棒、新新人类……

2. 来自港台或地方方言：

香港话词语：

> 按揭、曝光、冰毒、布艺、诚聘、得主、房车、非礼、搞笑、个案、个唱、豪宅、洁具、减肥、另类、卖点、面膜、楼盘、赛季、赛事、三围、蛇头、首富、述职、投诉、外援、物业、洗钱、心仪、原装、业主、置业、精品屋、面巾纸、收款机、透明度、摇头丸、弱势团体、业内人士……

台湾话词语：

> 爽、编程、飙车、层面、打拼、负面、共识、关爱、回应、互动、酷毙、期盼、取向、认同、弱智、瘦身、帅哥、双赢、锁定、

> 凸显、新锐、性爱、整合、主打、做秀、程序员、铆足劲、随身听、脱口秀、演艺圈、心路历程、有氧运动……

广州话词语：

> 煲、发、靓、冲凉、打工、打理、发廊、发烧友、富婆、花心、家私、老公、买单、奶昔、牛仔、入伙、生猛、死机、影楼、扎啤、百分百、炒鱿鱼、大排档、电饭煲、见光死、烂尾楼、写字楼、人见人爱、生猛海鲜……

北京话词语：

> 瓷、侃、牛、黑、开涮、宰人、出彩儿、吃请、打的、的哥、侃爷、老美、老外、没戏、没辙、套磁儿、托儿、腕儿、瞎掰、小蜜、栽了、真逗、猫儿腻、摆谱儿、大甩卖、跌份儿、加塞儿、较真儿、侃大山、头头脑脑……

上海话词语：

> 阿混、摆平、档次、动迁、饭局、跟进、基价、拍板、敲定、套牢、师傅、做大……

3. 其他：

一些词语是以前使用过的旧词，现在又重新使用，如：

> 上司、领班、老板、董事、公务员、股东、巴士、的士、小姐、交易所

4. 某些行业词也扩展到日常生活中，如：

> 聚焦、黑马、下课、黄牌、启动、工程、加盟、反馈、反思

三、词义的变化

词义会随着社会的发展变化而有所改变，发生扩大、缩小、意义转变以及词义色彩改变等几类变化。

1. 词义扩大：

	本义	新增义
联姻	两家因婚姻关系结成亲戚	指不同单位之间建立一种紧密的合作关系
品质	人的行为、作风的本质	物品特别是产品的质量
黄牌	体育比赛中警告犯规的一种牌子	对各种违规行为发出的警告
抢滩	战斗时抢占滩头阵地	争先抢占各种先机
变态	某些动物在个体发育过程中的形态变化	人生理或者心理上的不正常状态
工程	土木建筑或其他生产、制造部门用大而复杂的设备来进行的工作	需要投入巨大人力和物力的工作

2. 词义缩小：

	本义	新增义
监制	监督制造商品	专指监制摄影（影片、电视片）
网络	由很多相互交错的分支组成的系统	专指互联网系统
总裁	清代称中央编撰机构的主管官员和主持会试的大臣；后指某些政党的首脑	专指某些大型企业的主管人
业绩	建立的功劳和完成的事业，重大的成就	专指企业的经营状况
推出	把东西推出去	专指开始提供某种商品

3. 词义转化：

	本义	新增义
出台	演员上场	（政策、措施等）公布或实施
跳水	体育运动，从跳板或跳台上跳入水中	商品或者股票的价格迅速下跌
触网	运动员的手碰到球网	接触电子信息网络
下课	上课时间结束	教练被解雇或者辞退
下岗	离开执行守卫、警戒等任务的岗位	离开工作岗位或职务，等待新工作
触电	人和动物接触较强的电流	参加电影或者电视剧的拍摄

4. 词义色彩改变：

由贬义到褒义：

	本义	新增义
策划	暗地里谋划做坏事	筹划做某事
小姐	有钱人家的女儿	称呼年轻的姑娘
集团	为了见不得人的目的组织起来的团体	为一定的目的组合成的组织
老板	带有剥削性质的私营业者	拥有自己的产业的人；泛指领头的掌权者；普通称呼
富豪	靠不正当手段搜刮大量财产的人	拥有大量财产的人

（本文源自汤志祥《汉语新词语和对外汉语教学》《汉语词汇的"借用"和"移用"及其深层社会意义》，原文均载于《语言教学与研究》）

第四课　一定将官司进行到底

热身话题

1. 请说出几种你知道的歧视现象。
2. 你遇到过歧视现象吗?
3. 遇到歧视怎么办?

本课人物：林志强、同屋李辉、李辉女友王思思、同楼学友孙伟平。

场　　景：在宿舍，李辉和王思思正在看招聘网站，林志强回来了。

李　辉：　噢，志强回来了，工作找得怎么样？有进展了吗？

志　强：　还行，有一家国企不错，他们让我等通知。你们呢？

李　辉：　咳，提起来一肚子伤心事。你知道我们俩都是学中文的，很想专业对口、学以致用。我们自认为学习成绩不错，各方面条件也还可以。特别是思思，不是我吹，她可是年年拿一等奖学金的优秀生啊。有一家单位我们特别满意，没想到到了那儿，人家一开口就说不要女的，她当时就被刷下来了。我是男的吧，也照样没戏。

王思思：　我当时气急了，就质问他们。人家说，单位女的多，男女比例失调，要调整一下。

志　强：那李辉为什么也不行呢？

王思思：他说起来才冤呢。论别的条件，他都没说的，可是他们要求身高一米七，李辉差两公分。人家只说了一句"你们到别的单位看看吧"，就把我们打发出来了。你说气人不气人？

李　辉：我一米六八，在中国人里也算够标准的了。差这两公分就干不好工作了吗？真是岂有此理！以前听人说过找工作的酸甜苦辣，没想到现在都让我们尝到了。

王思思：说起来，你们男生还算好的，我们女生就更难了。除了性别歧视、身高歧视，还有什么年龄歧视、容貌歧视。网上说有一个姑娘，就因为长得差一点儿，找了多家单位都碰了钉子。有一个招聘方还振振有词，说什么我们是服务单位，不要求貌若天仙，但至少得看着顺眼吧，我们不想把客人吓跑了。听着多伤人呀。后来这个女生说要去整容，发誓要成为人见人爱的大美女呢。

（孙伟平推门进来）

孙伟平：谁要整容呀？不会是我们思思小姐吧？你做模特都够资格了，还用得着整容？哎，李辉怎么了？情绪不大对劲儿呀。

志　强：他遇到身高歧视了，看他把鼻子都快气歪了。

孙伟平：是吗？你知道"中国宪法平等第一案"吗？你也可以和他们打官司啊。

王思思：这是怎么回事？快给我们说说。

孙伟平：那是几年前的事了。原告当时是法律系大四的学生。他在报纸上看到了某银行的招聘广告，说是要学法律的，他就动了心想去应聘。可仔细看了一下招聘条件，其中一条要求身高在一米六八以上，而他只有一米六五。

王思思：那怎么办呢？

孙伟平：这对原告触动很大，他想自己身高一米六五，而身边的朋友、学校的同学，像他这种条件的人还很多。如果都因为身高的问题找不到理想的工作，那么在这个社会上还有什么公平可言？于是他就和他的一些同学谈了谈，没想到，遇到这种事的还不只他一个。

李　辉：我也算一个。

孙伟平：根据有关方面的资料显示，中国成年男性的平均身高接近一米七，而且总体呈北高南低的趋势。四川省成年男性的平均身高不足一米六九，有40%左右不到一米六八。原告就想通过法律途径来讨一个说法，于是他把这件事告诉了他们系的一位教授。那位教授一听，就鼓励他走诉讼这条路，并愿意做他的诉讼代理人。教授说，《宪法》规定法律面前人人平等，任何公民都享有《宪法》所规定的权利，并不因为身高不够而不享有。这样，他就打起了官司，要求被告停止发布违法广告，公开道歉并取消报名资格的身高歧视限制。

王思思：那银行的反应呢？

孙伟平：银行根本没想到会有人为此打官司。不过在法院立案后的第三天，银行就更改了广告，去掉了有关身高限制的部分内容，并声明以修改后的内容为准。

志　强：结局还算不错，目的达到了，他该满意了吧？

孙伟平：没有。原告表示他不会撤诉，一定将官司进行到底。

志　强：那为什么呢？你看，银行方面已经做了更改，他的权利已经得到了保障，为什么还要继续打官司呢？

孙伟平：原告和代理人都表示，官司打到这种地步，对于个人来说已经没有太大的意义。意义在于像这种利用《宪法》维护权益打官司，被法院受理、启动了司法程序的案子，在中国还是第一次。这就意味着以后如果不是招特殊人才，比如模特、篮球运动员等，用人单位没有法律的授权就做出身高的限制时，人们就可以把这看成是一种歧视，可以请求法律的保护。

王思思：这真是一个好消息。目前一些用人单位确实存在歧视问题。除了身高歧视、性别歧视，还有年龄歧视、地域歧视，甚至还有因为健康原因而受歧视的。他们在用人时做出的种种限制，都是一拍脑瓜做出的决定，只考虑自身的利益和方便，而很少考虑到应聘者所享有的权利。

李　辉：确实是这样。以前在应聘的过程中，常常遇到身高、年龄限制，大家也都司空见惯了。可是今天你说的这个案子，让我明白了一个道理，原来它还侵犯了我们自身的权利，而且是《宪法》上规定的权利。在现代社会里面，人人都是平等的。找工作时也应该一样。

王思思：哎，问一下，这个案子的结果怎么样？他们赢了吗？

孙伟平：很遗憾，法院一审驳回了原告的起诉，他也没有再提起上诉。

李　辉：看来要彻底消除就业歧视还有漫长的路要走哇。得了，咱们抓紧时间再多跑跑吧，总会有慧眼识珠的伯乐的。

词　语

1	对口	duìkǒu	（形）	互相联系的两方在工作内容和性质上一致：专业～｜～支援。
2	学以致用	xué yǐ zhì yòng		学习的东西要能应用到实际中。
3	刷	shuā	（动）	比喻除名、淘汰：考试～下来了。
4	质问	zhìwèn	（动）	责问，依据事实问明是非。一般事情比较严重。
5	冤	yuān	（形）	冤枉，冤屈。grievance; be wronged：输得很～。
6	岂有此理	qǐ yǒu cǐ lǐ		哪有这个道理。指别人的言行或某一事物极其荒谬。
7	歧视	qíshì	（动）	不平等地对待：种族～｜性别～。
8	容貌	róngmào	（名）	相貌：～歧视｜～特征。
9	振振有词	zhènzhèn yǒu cí		理直气壮的样子。形容自以为理由很充分，说个不停。
10	貌若天仙	mào ruò tiānxiān		相貌像天仙一样。形容非常漂亮。
11	发誓	fāshì	（动）	to swear and make a pledge：对天～｜向……～。
12	宪法	xiànfǎ	（名）	国家的根本法。constitution
13	案	àn	（名）	事件，特指涉及法律问题的事件。不单用：立～。
14	官司	guānsi	（名）	指诉讼。lawsuit：打～｜～输了。

15	原告	yuángào	（名）	向法院提出诉讼的一方。plaintiff, prosecutor。
16	应聘	yìngpìn	（动）	求职的人参加招聘活动。
17	触动	chùdòng	（动）	因某种刺激而引起（感情变化或回忆）。
18	公平	gōngpíng	（形）	处理事情合情理，不偏向一方。
19	趋势	qūshì	（名）	事物发展的动向：流行~｜发展~。
20	诉讼	sùsòng	（动）	打官司。to lawsuit：提出~｜离婚~。
21	代理人	dàilǐrén	（名）	受当事人委托，代表其进行某种活动的人。attorney
22	享有	xiǎngyǒu	（动）	在社会上取得（权利、声誉等）。
23	被告	bèigào	（名）	被控告的一方。defendan, the accused
24	发布	fābù	（动）	宣布（命令、指示、新闻等）。to issue or release
25	违法	wéi fǎ		不遵守法律或法令。to break the law
26	立案	lì àn		在主管机关注册、登记。to register; to put on record
27	更改	gēnggǎi	（动）	改换，改动：~姓名｜进行~。
28	结局	jiéjú	（名）	最后的结果，最终的局面。
29	撤诉	chèsù	（动）	（原告）撤回诉讼。
30	权益	quányì	（名）	应该享受的不容侵犯的权利、利益。
31	受理	shòulǐ	（动）	接受案件，进行处理：~案件｜~诉讼请求。
32	启动	qǐdòng	（动）	（机器、设备等）开始工作。
33	司法	sīfǎ	（动）	judicature：~机关｜~程序。
34	授权	shòuquán	（动）	把权利委托给人或机构代为执行：获得~。
35	司空见惯	sīkōng jiànguàn		因为常常遇到或看到，已经习惯成自然了。
36	案子	ànzi	（名）	案件。law suit; case：一件~｜办~。
37	侵犯	qīnfàn	（动）	非法干涉别人，损害其权利：~隐私｜~权利。
38	一审	yīshěn	（名）	人民法院第一次开庭审理。

39	驳回	bóhuí	（动）	本课指法院认为诉讼当事人提出的要求无理，不予处理：~上诉｜起诉被~。
40	起诉	qǐsù	（动）	to sue; to prosecute; to charge; to bring a suit/ an action against sb
41	上诉	shàngsù	（动）	to appeal (to a higher court)
42	慧眼识珠	huì yǎn shí zhū		称赞人善于识别人才。"慧眼"泛指敏锐的眼力。

注　释

1. 没戏

    方言，没有希望，没有指望。

2. 碰钉子

    比喻遭到拒绝或受到斥责。

3. 把鼻子都气歪了

    形容生气的程度很高。

4. 讨说法

    通过法律、规定等形式得到公平的评判。

5. 一定将官司进行到底

    "将……进行到底"，形容坚持到底，中途不放弃。

6. 拍脑瓜

    不经过调查研究，仅凭主观感受做出决定。

7. 伯乐（Bólè）

    the horse connoiseur。相传为春秋时秦国人，名孙阳，以善相马著称。现在引申为善于发现、推荐、培养和使用人才的人。

练 习

（一）课文部分

一 用正确的语调朗读下列句子：

1. 咳，提起来一肚子伤心事。
2. 不是我吹，她可是年年拿一等奖学金的优秀生啊。
3. 差这两公分就干不好工作了吗？真是岂有此理！
4. 你做模特都够资格了，还用得着整容？
5. 原告表示他不会撤诉，一定将官司进行到底。
6. 总会有慧眼识珠的伯乐的。

二 说出下列各句中画线部分的含义：

1. 她当时就被<u>刷下来</u>了。我是男的吧，可也<u>照样没戏</u>。
2. 人家只说了一句"你们到别的单位看看吧"，就<u>把我们打发出来了</u>。
3. 网上说有一个姑娘，就因为长得差一点儿，找了多家单位都<u>碰了钉子</u>。
4. 他遇到身高歧视了，看他<u>把鼻子都快气歪了</u>。
5. 原告表示他不会撤诉，<u>一定将官司进行到底</u>。
6. 他们在用人时做出的种种限制，都是<u>一拍脑瓜做出的决定</u>。
7. 总会有<u>慧眼识珠的伯乐</u>的。

三 根据课文内容回答下列问题：（请使用提示词语）

1. 李辉和王思思为什么事生气？
   （对口　学以致用　成绩　一等奖学金　刷　没戏）

2. 那家单位为什么不要李辉？
   （冤　论条件　没说的　两公分　打发）

3. 王思思说的容貌歧视是怎么回事？
   （网上　差一点儿　碰钉子　貌若天仙　吓跑）

4. 那个案子里的原告为什么打官司？
   （法律系　招聘　广告　身高　触动　公平　可言）

5. 原告打官司的依据是什么？
   （平均 讨说法 规定 公民 享有）

6. 那个案子里的被告（银行方面）的反应是怎样的？
   （没想到 立案 更改 去掉 声明）

7. 原告打官司的意义是什么？
   （地步 意义 在于 维护 案子 第一次 意味）

8. 李辉明白了一个什么道理？
   （以前 司空见惯 侵犯 权利 现代 平等）

（二）词语部分

一 标出下列词语的读音，然后在句中填入适当的词语：

学以致用 貌若天仙 岂有此理 振振有词 司空见惯 慧眼识珠

1. 每个毕业生都希望能找到专业对口的工作，（   ）。
2. 他不但不道歉，还（   ），说什么这样做也是为孩子好。
3. 这件文物是一位民间收藏家（   ），用很低的价钱从国外买回来的。
4. 对于中国式过马路，人们早已（   ），习以为常了。
5. 参加这次大赛的选手个个身姿婀娜，（   ）。
6. 撞了人不但不救，反而开车逃逸，真是（   ）！

二 从所给的答案中选择一个，完成句子：

1. 王老师的女儿今年五岁，聪明活泼，（貌若天仙／人见人爱）。
2. 我们的学习非常紧张，每天有作业、小报告，听写，讨论更是（司空见惯／家常便饭）。
3. 通过（宪法／司法）程序来维护（宪法／司法）赋予的公民（权利／权益）。
4. 村民们作为（原告／被告）把排出污水的化工厂告上了法庭，和他们（打起了官司／打起了交道），要求（原告／被告）赔偿村民们的一切损失，并在彻底治理污水以前关闭化工厂。村民们表示，一定会将官司打到底，不会（起诉／撤诉／上诉）的。

三 使用画线词语简单回答下列问题：

1. 你觉得什么工作跟你专业<u>对口</u>？
2. 在什么情况下你会<u>质问</u>对方？
3. 哪<u>些</u>行为会让人觉得不<u>顺眼</u>？
4. 人们通常会为了什么事情<u>打官司</u>？
5. 有没有<u>司空见惯</u>但却并不合理的事情？
6. "<u>讨一个说法</u>"是让对方道歉的意思吗？

（三）句式部分

用给出的词语改说或完成句子：

1. 论……，可是……

    论别的条件，他都没说的，可是他们要求身高一米七，李辉就差两公分。

    （1）她跳舞很好，唱歌也有一定的水平，这次演出却没有她，奇怪。

    （2）他硕士毕业，学历不低，父母是知识分子，家庭条件不错，他本人也老实厚道，就是三十多了，连个对象也没有。

    （3）这家公司有一百多年的历史了，实力雄厚……

    （4）他们村依山靠水，自然条件优越……

    （5）这是新上市的智能手机……

2. 就因为……，……

    网上说有一个姑娘，就因为长得差一点儿，找了多家单位都碰了钉子。

    （1）弟弟平时学习成绩一般，但是上了半年的补习班后，他考上了重点大学。

    （2）他们大力发展乡镇小企业，短短的五年时间，村民们就脱贫致富，实现了小康。

    （3）他们是多年的好朋友，最近他们同时爱上了一个女孩子……

    （4）李辉各方面条件都不错……

    （5）他吸烟十多年了，不可一日无烟……

3. 如果……，那么（＋反问形式）？

　　如果都因为身高的问题找不到理想的工作，那么在这个社会上还有什么公平可言？

（1）要是从小学就开始加强公德教育，随地吐痰、乱扔垃圾的现象就会大大减少。

（2）现在人们对电的依赖程度越来越高，一旦停电，造成的损失将相当严重。

（3）要是不经过高考就可以上大学……

（4）可以试想一下，如果每个路口都取消了红绿灯……

（5）夫妻之间如果失去了信任……

4. 一……就……，并……

　　那位教授一听，就鼓励他走诉讼这条路，并愿意做他的诉讼代理人。

（1）他第一次看见她就立刻爱上了她，然后对她展开了强烈的爱情攻势。

（2）那儿山清水秀，我只去了一次，立刻就喜欢上了那儿的环境，还打算在那儿买一处房子呢。

（3）小老鼠看见一只小花猫走近了……

（4）这家商店的经营很有特色，特别受年轻人的欢迎……

（5）这是今年新推出的环保概念车……

5. ……确实……。除了……，（还有）……，甚至……

　　目前一些用人单位确实存在歧视问题。除了身高歧视、性别歧视，还有年龄歧视、地域歧视，甚至还有因为健康原因而受歧视的。

（1）有的家长对子女过分娇惯，孩子五六岁了还要帮他喂饭、穿衣服、系鞋带，上学还要替他背书包。

（2）据说当地腐败现象很严重，不仅县里干部贪污，乡镇干部受贿，连村干部也吃拿索要，老百姓意见很大。

（3）沿河一带污染十分严重，水里没有鱼虾，河水恶臭难闻，周围的居民也都得了怪病。

（4）他们姐弟之间的关系非常好……

（5）第一次到国外会有很多不适应的地方……

（四）任务与活动

一 请你说说：

1. 就下表谈一谈下面所列的各种歧视现象在你们国家是否存在。

歧视现象	解释意思	何种情况下发生	有无对策
性别			
身高			
体重			
年龄			
容貌			
方言			
疾病			
地域			
种族			
姓名			
其他			

2. 你认为歧视现象为什么会存在？有没有办法可以避免歧视现象的产生？

二 你认为下列观点或做法是否正确？请说明理由：

1. "物以类聚，人以群分"是自然规律，与歧视无关。
2. "法律面前人人平等"只是理论上的概念，在实际生活中不可能实现。
3. 某公司规定，超重的人必须在规定期限内减重，否则将被公司劝退。
4. 某单位规定，因工作需要，员工常常需要加班、出差，而女性职工难以承受，故该单位只招收男性员工。

三 辩论题：

1. 甲方：实现男女平等是可能的
   乙方：实现男女平等是不可能的
2. 甲方：人是生来平等的
   乙方：人是生来不平等的

第五课　可怜天下父母心

热身话题

1. 你还记得小时候的事吗？你印象最深的是什么？
2. 你小时候上过什么课外学习班？
3. 在成长的过程中，你遇到过什么让你烦恼的事情吗？

本课人物：郝阳、林雪、小区邻居王丽萍（公司职员）、安正清（中学教师）。

场　　景：周末，孩子们在小区的空地上打羽毛球，大人们在旁边聊天。

王丽萍：　郝阳，听说你们元元在学钢琴，练得怎么样了？

郝　阳：　嗨，三天打鱼两天晒网。老师来了练一练，老师一走就放羊了，不肯刻苦练习，现在还弹不了几个曲子呢。

王丽萍：　那你可得好好督促她，练好了去考级，将来上音乐学院，当个音乐家，那多好啊！

郝　阳：　我们倒没敢有这样的奢望，主要是想让她从小接受点儿音乐熏陶，培养个高雅一点儿的业余爱好。再说，还得看她自己喜欢不喜欢。

王丽萍：　要我说呀，孩子就得趁着年龄小多学点儿东西。现在就业竞争那么激烈，要是不从小多学点儿知识、技能，打个好基础，长大准没出息。

现在一般的公司和单位，也基本上都是按照学历来给员工定岗位和工资等级的。安老师，您说是吧？

安正清： 孩子多学习当然是好事。不过，一个是要根据孩子的特点来安排，一个是要尊重孩子本人的意愿和兴趣。你家鹏鹏现在都学了些什么呀？

王丽萍： 我们鹏鹏平时上着围棋班，周六学钢琴，周日还报了个英语班呢。

郝　阳： 嚄，周末比平时还忙啊，是不是把孩子弄得太苦了？

王丽萍： 吃过苦的人才知道什么是甜呢。俗话说，吃得苦中苦，方为人上人。这些苦不会白吃的，长大后他就会明白父母的一番苦心了。

安正清： 从鹏鹏的名字就可以看出来，你们两口子对他的期望值够高的。好好培养，将来准能大鹏展翅，鹏程万里。

王丽萍： 谁知道他是不是这块料啊！我们也只能尽力而为，但愿他将来能成才。

郝　阳： 现在的家长都是这样望子成龙、望女成凤，不想让孩子输在起跑线上。我们单位的同事为了孩子的学习，又是请家教，又是到外面去上各种补习班，还包办了所有的家务，再苦再累也心甘情愿，真是可怜天下父母心哪！

安正清： 望子成龙可以理解，不过父母的心态要平衡，保持一颗平常心最好。

郝　阳： 安老师，我看您女儿不光学习成绩优秀，而且生活能力、社会活动能力也都挺强的，去年还被推荐上了一流名校，真是教子有方啊！可以请教一下您教育孩子的成功之道是什么吗？

安正清： 不瞒你们说，我的"成功之道"简单得不能再简单了，就是以"不管"管之。

王丽萍： 啊，不管？这话怎么讲呢？

安正清： 我说的这个"不管"不是家长完全撒手，而是过一段时间就给她提出一些比较符合她情况的目标和要求，可大可小，让她通过自己的努力去实现这些目标，也就是学会自己管理自己，自己要求自己。这样做有一个原则，就是做父母的一定要充分地了解孩子的情况，并且尊重她的兴趣和意愿，而不是定一些过高的目标去强加于她。

郝　阳：安老师说的这点很有道理。孩子的学习就像是马拉松赛跑，起跑快并不意味着一定能跑得远、到得早，还是得让孩子悠着点儿，保持足够的后劲才行，不能揠苗助长。

王丽萍：唉，我真羡慕那些神童，天生长了个聪明的脑袋，学什么会什么。昨天电视里介绍一个小男孩儿，14岁就上了北大数学系。真是了不得呀！我们鹏鹏要是也这么聪明就好了。

安正清：根据我这么多年当教师的经验，我发现有个聪明的头脑并不等于成功，更不一定将来就会幸福。很多神童确实比较早就体验到了学业成功的喜悦，但他们在别的方面又会有一些弱点，比如缺乏必要的人际交往能力和基本生活能力，这对他们今后事业的发展和生活会有很大的影响。所以天才儿童不一定个个都能成为卓越的人才。我觉得人的成功取决于两个主要的因素，就是智力因素和非智力因素。其中后者起的作用还更大一些。

郝　阳：我非常同意这个观点。有人说，聪明不聪明只是影响孩子发展的因素之一，与将来的成功没有什么必然的联系。我倒是觉得，多多地夸奖孩子，鼓励孩子，有时候能起到意想不到的作用。

王丽萍：我也同意那句话，"好孩子是夸出来的"。咱们中国的父母在这方面确实做得还不够。

郝　阳：不管怎么说，我还是觉得应该让孩子有一个快乐的童年，不然以后回忆起来，对童年一点儿快乐的记忆都没有，那样的人生也太没意思了。再说，"成功"这个概念也是多角度、多层面的，不能把它简单化、功利化。

（正说着，林雪走了过来）

王丽萍：嗨，林雪，好久不见啊！今天怎么有空儿出来转转了？

林　雪：来叫他们吃饭，顺便也呼吸几口新鲜空气。外面阳光灿烂，老待在屋里真是辜负了老天爷了。哟，鹏鹏最近又长高了不少嘛！

王丽萍：高是高了点儿，不过这孩子从小体弱，吃饭还挑食，身材跟豆芽菜似的。小胖墩是不好，可这豆芽菜也不行呀！

林　雪：现在城市里的孩子普遍都比较娇气，多让他出来活动活动，打打球，别老坐着不动，就长得结实了。我们元元身体倒是不错，就是让姥姥姥爷惯坏了，生活能力比较差，衣来伸手，饭来张口。怪不得有人叫他们"草莓族"呢。

安正清：你们说的这个健康和生活能力都非常重要。生活能力差的孩子有时候心理也会比较脆弱，遇到一点儿困难、挫折就承受不了，这样可适应不了现代社会。教育专家们说不仅要重视孩子的智商，还要重视"情商"。依我看呀，培养孩子的自理能力和适应社会的能力比提高学习成绩更重要。

林　雪：安老师说的没错。元元，咱们该回家了，你不是想去自然博物馆吗？再晚就来不及了。

王丽萍：鹏鹏，咱们也该回去了。先得听英语第七课的录音，然后还得去上课呢。

词　语

1	督促	dūcù	（动）	监督并催促：～孩子｜～学生。
2	考级	kǎo jí		参加某一专业或技能的定级或晋级考试：钢琴～｜参加～。
3	奢望	shēwàng	（名）	过高的希望。
4	熏陶	xūntáo	（动）	人的思想、行为、爱好、习惯等逐渐受到影响（多指积极健康的）：受到～｜被～。
5	高雅	gāoyǎ	（形）	高尚而不俗气：～的音乐｜～的风度｜～的艺术。
6	就业	jiùyè	（动）	得到职业，参加工作。
7	意愿	yìyuàn	（名）	愿望，心愿。wish, desire, aspiration
8	苦心	kǔxīn	（名）	辛苦地用在某些事情上的心思或精力。trouble taken, pains：一片～｜一番～｜～经营｜～钻研。
9	期望值	qīwàngzhí	（名）	对人或事物所希望的程度。
10	鹏程万里	péngchéng wànlǐ		比喻前程远大。

11	料	liào	（名）	比喻有某种特点适合干某一行的人：（不）是这块~。
12	尽力而为	jìn lì ér wéi		用一切力量去做。
13	但愿	dànyuàn	（动）	只愿，只希望。
14	成才	chéngcái	（动）	成为人才：长大~｜培养~。
15	包办	bāobàn	（动）	全部承担下来，单独负责办理：~家务｜~所有的事情｜~婚姻。
16	心甘情愿	xīn gān qíng yuàn		从心底里愿意，丝毫不勉强。
17	心态	xīntài	（名）	心理状态：~好｜~年轻｜~积极。
18	传授	chuánshòu	（动）	把知识、技艺等教给别人：~技术｜~知识｜~方法。
19	撒手	sā shǒu		放开手，松开手。课文中指不管。
20	强加	qiángjiā	（动）	强迫人家接受某种观点或做法：~人。
21	足够	zúgòu	（形）	达到应有的或能满足需要的程度：~的时间｜~的收入｜~的食品。
22	后劲	hòujìn	（名）	用在后一阶段的力量：有~｜~不足。
23	揠苗助长	yà miáo zhù zhǎng		比喻违反事物的发展规律，急于求成，反而坏事。
24	神童	shéntóng	（名）	异常聪明的儿童。
25	了不得	liǎobudé	（形）	大大超过寻常，很突出：这个人~｜这件事~。
26	体验	tǐyàn	（动）	通过实践来认识周围的事物，亲身经历：~一下｜~生活｜~感觉｜~爱情。
27	学业	xuéyè	（名）	学习的功课和作业。one's studies, school work
28	弱点	ruòdiǎn	（名）	不足的地方，力量薄弱的方面。weakness, weak point
29	人际交往	rénjì jiāowǎng		指人与人之间互相来往。
30	卓越	zhuóyuè	（形）	非常优秀，超出一般：~的才华｜~的成就。
31	取决	qǔjué	（动）	由某方面或某种情况决定。
32	智力	zhìlì	（名）	指人认识、理解客观事物并运用知识、经验等解决问题的能力，包括记忆、观察、想象、思考、判断等。intelligence

33	夸奖	kuājiǎng	（动）	称赞。
34	意想不到	yìxiǎng búdào		没有预想到。
35	层面	céngmiàn	（名）	方面：多个~｜每个~｜不同~。
36	功利	gōnglì	（名）	名声和利益。
37	挑食	tiāoshí	（动）	对食物有所选择，有的爱吃，有的不爱吃或不吃。
38	娇气	jiāoqì	（形）	性格脆弱，不能吃苦或受委屈：~的孩子｜~的小动物。
39	脆弱	cuìruò	（形）	禁不起挫折，不坚强：~的神经｜~的感情。
40	挫折	cuòzhé	（名）	失利，失败：遇到~｜受过~。
41	承受	chéngshòu	（动）	接受，禁受：~力｜~压力｜~不了。
42	智商	zhìshāng	（名）	智力商数，即 intelligence quotient (IQ)。
43	情商	qíngshāng	（名）	情感商数，即 emotional quotient (EQ)。
44	自理	zìlǐ	（动）	自己料理：生活~｜~能力｜食宿~。

注　释

1. 可怜天下父母心

    意思是天下父母的爱都是无私的，他们为了子女可以付出一切。

2. 三天打鱼两天晒网

    比喻做事没有恒心，时断时续，不能坚持。

3. 放羊

    放牧羊群。比喻对人或事不加管理，任其自由行动、发展。

4. 吃得苦中苦，方为人上人

    意思是只有吃很多苦才能成为一个有出息的人。

5. 望子成龙、望女成凤

    比喻父母对儿女有很高的期望。

6. 平常心

    指保持普通、平常的心态，没有过高的期望或要求。

7. 马拉松（mǎlāsōng）

    marathon race

8. 悠（yōu）着点儿

    控制节奏，不要过分用力。

9. 老天爷

    指天帝。有人认为天上有个主宰一切的神，尊称这个神为"老天爷"。现在多用来表示惊叹。

10. 豆芽菜、小胖墩（dūn）

    "豆芽菜"比喻儿童发育过程中过高过瘦的体型；"小胖墩"是指矮而胖的孩子。

11. 衣来伸手，饭来张口

    指不干任何家务，全都依靠别人。

12. 草莓族

    多用来形容在现代城市中出生、长大的年轻人——他们像草莓一样，表面上看起来光鲜亮丽，但承受不了挫折，一碰即"坏"。

练 习

（一）课文部分

一 用正确的语调朗读下列句子：

1. 嗨，三天打鱼两天晒网。老师来了练一练，老师一走就放羊了。
2. 那你可得好好督促她，练好了去考级，将来上音乐学院，当个音乐家，那多好啊！
3. 要我说呀，孩子就得趁着年龄小多学点儿东西。
4. 嗨！周末比平时还忙啊，是不是把孩子弄得太苦了？
5. 再苦再累也心甘情愿，真是可怜天下父母心哪！
6. 啊，不管？这话怎么讲呢？
7. 唉，我真羡慕那些神童，天生长了个聪明的脑袋，学什么会什么。
8. 嗨，林雪，好久不见啊！今天怎么有空儿出来转转了？

二 说出下列各句中画线部分的真正含义：

1. 嗨，三天打鱼两天晒网。老师来了练一练，老师一走就放羊了。
2. 我们倒没敢有这样的奢望。
3. 吃过苦的人才知道什么是甜呢。俗话说，吃得苦中苦，方为人上人。
4. 谁知道他是不是这块料啊！
5. 望子成龙可以理解，不过父母的心态要平衡，保持一颗平常心最好。
6. 起跑快并不意味着一定能跑得远、到得早，还是得让孩子悠着点儿，保持足够的后劲才行，不能揠苗助长。
7. 小胖墩是不好，可这豆芽菜也不行呀！
8. 生活能力比较差，衣来伸手，饭来张口。

三 根据课文内容回答下列问题：（请使用提示词语）

1. 说说元元学钢琴的情况。
   （三天打鱼两天晒网　放羊　刻苦　弹）

2. 元元的爸爸妈妈为什么让她学钢琴？
   （奢望　主要是　熏陶　高雅　再说……）

3. 王丽萍为什么主张孩子要从小学习各种技能？
   （趁着　竞争　激烈　要是……，长大准……　按照……定……）

4. 安正清对孩子从小学习各种技能有什么看法？
   （当然是　不过　一个……，一个……　平衡　平常心）

5. 郝阳的同事们是怎样对待孩子的学习的？
   （都是这样……　又是……，又是……，还……　再……再……也……　真是……）

6. 复述一下安正清的"成功之道"。
   （简单　不是……，而是……　可……可……　实现　一定要……，并且……，而不是……）

7. 郝阳是怎么用跑步来比喻孩子的学习的？
   （……就像……　……并不意味着……　悠着点儿　……才行，不能……）

8. 安正清是怎么看待聪明与成功的关系的？
   （……并不等于……，更不一定……　确实……，但……，比如……　所以……　……取决于……）

9. 现在城市里的孩子有什么普遍的问题？
   （长得跟……似的　倒是……，就是……　心理　挫折　不仅要……，还要……　……比……更重要）

（二）词语部分

一 标出下列词语的读音，然后在句中填入适当的词语：

鹏程万里　尽力而为　心甘情愿　揠苗助长
意想不到　强加于　取决于　了不得

1. 他们俩感情深厚，虽然现在小伙子病了，但姑娘还是（　　　　）地陪伴和照顾他。
2. 这次能不能去参加比赛，（　　　　）他身体的康复情况。
3. 本来一切都已经计划好了，但中间发生了（　　　　）的事，原来的方案流产了。
4. 这件事我（　　　　）吧，不过因为影响的因素太多，我不敢保证万无一失。
5. 这个冒险家真是太（　　　　）了，竟然敢在两座高山之间走钢丝！
6. 孩子的成长是有一定规律的。我们的教育不能（　　　　），必须得因势利导，这样才能有好的效果。
7. 父母总是想把他们的想法（　　　　）我，根本不考虑我的愿望，这是最让我苦恼的。
8. 这个学生非常优秀，不仅聪明，而且努力，老师们都认为他将来一定会前途无量，（　　　　）。

二 从所给的答案中选择一个完成句子：

1. 做什么事最重要的是（要坚持／要有好的方法），如果三天打鱼两天晒网的话，什么都干不成。
2. 俗话说，吃得苦中苦，方为人上人。人在年轻的时候就得（多努力，多吃苦／多享受，多玩乐），将来才能有所成就。
3. 学音乐和体育都是需要天分的，如果不是这块料，（再刻苦练习也成不了大家／

只要刻苦练习就能成为大家）。

4. 别的孩子都在上课外班，或者学习各种技能，而我家孩子（天天在玩儿 / 天天在看书），这样不就输在起跑线上了吗？
5. 中国的大部分父母都会（全心全力地对待自己的孩子 / 照顾孩子很累，很可怜），真是可怜天下父母心啊！
6. 我觉得还是保持一颗平常心比较好，在名和利的问题上（保持一种平常的看法 / 不要那么患得患失）。
7. 不管怎么说，对一个学生来说（成绩才是硬道理 / 要好好学习，不要好好玩儿）。
8. 今天阳光灿烂，天气真好，我们一定要到外面走走，（否则 / 还是）辜负了老天爷。
9. 孩子（在家里 / 在学校里）衣来伸手饭来张口的，（不利于培养独立生活能力 / 不利于培养独立思考的能力）。
10. 最近天气很热，身体不好的老人容易发生意外，千万要悠着点儿，（别再吃这些油腻的菜 / 别再去做爬山这样的高强度运动）了。

三 使用画线词语简单回答下列问题：

1. 你小时候受过什么艺术<u>熏陶</u>？
2. 你觉得什么样的希望算是<u>奢望</u>？
3. 说说你理想的<u>就业意愿</u>是什么。
4. 你父母<u>传授</u>给你的最重要的生活经验是什么？
5. 在你的人生中，遇到过什么<u>挫折</u>？
6. 你觉得自己最明显的<u>弱点</u>是什么？
7. 在运动中怎样才能保持<u>后劲</u>？
8. 你觉得孩子多大的时候，父母就可以<u>撒手</u>不管了？

（三）句式部分

用给出的词语改说或完成句子：

1. 又是……，又是……，还……

    ……，又是请家教，又是到外面去上各种补习班，还包办了所有的家务，……

    （1）放暑假了，孩子们每天游泳、打球，有时候还去滑旱冰。
    （2）父母与儿子久别重逢，分外高兴，做了很多好吃的：有鱼香肉丝，有辣子鸡丁，还有清蒸鲈鱼。
    （3）我们大学里的课程可真多呀……

（4）我去朋友家的时候……

（5）A：最近你男朋友对你怎么样？

　　　B：……

2. 再……再……也……

　　……，再苦再累也心甘情愿，真是可怜天下父母心哪！

（1）这个药真难吃，又苦又辣，不过为了治病也得吃呀！

（2）电子工程这个专业太难学了，课程又多又难，可我没有别的选择，非坚持下去不可。

（3）要想在全国比赛中获得好成绩……

（4）A：养个孩子可真不容易，父母得付出多少辛苦啊！

　　　B：……

（5）A：这项工作非常繁重，而且责任重大。你要不要再考虑一下？

　　　B：……

3. ……得不能再……了

　　我的"成功之道"简单得不能再简单了，就是以"不管"管之。

（1）这种新型列车的速度达到了每小时500多公里，真是太快了！

（2）他这个人小到偷盗欺骗，大到杀人放火，什么都干得出来，实在是太坏了！

（3）什么数学难题都难不住他……

（4）这两天商店搞促销，什么东西都打折……

（5）A：他们俩结婚以后感情怎么样？

　　　B：……

4. 可……可……

　　……，而是过一段时间就给她提出一些比较符合她情况的目标和要求，可大可小，……

（1）这种椅子的高度可以调节，高低随意，用起来很方便。

（2）他是一个全能型的足球运动员，进攻、防守都得心应手，非常出色。

（3）新鲜的蔬菜怎么做都好吃……

（4）我新买的相机功能非常齐全……

（5）A：听说公司最近降低了你的职位，怎么样？心里不舒服了吧？

　　　B：……

5. 取决于……

　　我觉得人的成功取决于两个主要的因素，就是智力因素和非智力因素。

（1）这次的旅游能不能成行，要根据我的经济情况来决定。

（2）在中国，一个学生能不能上大学，主要由高考分数来决定。

（3）我是不是能继续养这条狗……

（4）A：老板，我还能继续在这里工作吗？

　　　B：……

（5）A：促进中国经济发展的主要因素是什么？

　　　B：……

6. ……是……了点儿，不过……

　　高是高了点儿，不过这孩子从小体弱，吃饭还挑食，身材跟豆芽菜似的。

（1）这种电视机比其他的便宜，但样子和功能有点儿过时了。

（2）小王通过吃减肥药瘦了不少，可皮肤和脸色就没有以前那么好看了。

（3）这次考试我的成绩……

（4）A：你做了整容手术以后，比以前漂亮多了。

　　　B：……

（5）A：换了工作以后，你的工资比原来高多了吧？

　　　B：……

（四）任务与活动

一 讨论题：

1. 你对"可怜天下父母心"这句话是怎么理解的？
2. 孩子有没有必要从小学习各种技能？
3. 在你看来，一个人的情商和智商主要是由什么因素决定的？
4. 爸爸妈妈对你的教育最成功的地方是什么？

二 就下列问题进行调查并作汇报：

1. 调查周围的5—10个朋友，问问他们小时候都学习过什么，小时候学的这些东西对他们现在有没有好处。（音乐、美术、舞蹈、外语、运动……）
2. 调查一些不同国籍的成年人，看看他们对自己孩子的未来有什么期望并进行比较分析。

三 辩论题：

1. 甲方：好孩子是夸出来的
   乙方：好孩子是管出来的
2. 甲方：家长可以打骂孩子
   乙方：家长不能打骂孩子

第六课　钱老是不够花

热身话题

1. 你的主要经济来源是什么？
2. 你的主要消费在哪些方面？
3. 在你们国家，人们一般在哪些方面支出比较多？

本课人物：铃木雅子、林志强、铃木的同学王雯、王雯表哥赵立（研究员，也是志强的球友）。

场　景：四人在听了一个讲座之后去了咖啡厅。

志　强：　今天的讲座够热闹的，题目也起得好："如何拉动大众消费？"谁都会有话说的。专家们的意见仁者见仁，智者见智。那位钟先生说靠房地产，但是房价可不是一般人承受得了的。

铃　木：　是啊，有人认为要深化旅游业，有人呼吁要加强保险意识，还有什么增加投资渠道啦，发展教育产业啦，各有高见。我这个外行听起来，哪个说法都有道理。总之，收获不小。

赵　立：　我觉得这些意见应该综合起来看，光强调哪一方面都是比较片面的。人们基本物质生活条件满足以后，自然就会增加一些文化消费，所以应该在这方面做些—事情。

王　雯：　中国老百姓口袋里真有那么多钱吗？说老实话，看到国民个人存款统计数字，我吓了一跳。储蓄这么高，人们为什么不消费呢？就我个人来说，我花钱如流水，几乎总在寅吃卯粮。

铃　木：　不会吧，你每月的钱可不算少啊。

王　雯：　说的是啊。每月父母出大头儿，外加一笔不多不少的奖学金，有时候做做家教、打打工，还有像我表哥这些亲戚也时不时给点儿支持。如果只有吃饭、买书这样的基本花销，应该还是富富有余的，可是有不少花费简直控制不住。你看，有了好电影、好演出得去看吧，朋友聚会要吃饭吧？出门免不了打个车吧？女孩子总得买点儿化妆品吧？还有电话费、礼物费什么的，要花钱的地方太多了。可是一摸腰包就太惭愧了，囊中羞涩啊！不过这话我是第一次当着表哥的面说，可得给我保密，要是我爸妈知道，准会又教育我。

赵　立：　你呀，让我说你什么好呢？典型的低收入、高消费。要这样下去，就你毕业挣的那点儿工资，说句不好听的，连房租都不够，更别说干其他事了。

铃　木：　不过学生时期的消费和进入社会以后还是不太一样。一旦生活安定下来，特别是结婚以后，两个人的消费就会节省很多。

志　强：　那要看是谁。有的人同样的钱能办不少事，可有的人花钱没计划，挣一个花俩，多少钱都不够。

王　雯：　你这是说我呢吧？

赵　立：　你可别对号入座啊。工作以后消费观念确实会发生一些变化。比如我吧，电影、演出什么的就看得少了，一来过了追星族的年龄，二来工作太忙，还有就是朋友们陆陆续续成家，特别是有了孩子以后，彼此之间联系少多了，也就过节来往来往，有时候干脆就是短信或者微信问候了。我也不是太讲究穿的人，我们是研究单位，西装有个一两套就够了。我现在最大的消费是买书，另外还有一个不得不考虑的消费，就是买房。我总不能一辈子都租房，所以有点儿储蓄还是好。

铃　木：　在现代社会，保险也是个人人离不开的东西。人常说"不怕一万，就怕万一"嘛，什么人寿保险啦、失业保险啦、财产保险啦，选择余地很大，在这方面的花销我想也会水涨船高的。上保险可以给自己的生活增加安全系数，起码心理上感觉不错，所以我将来会在保险方面多投入一些。

志　强：　我还是个学生，没有多少闲钱，不过我尝试过玩儿股票，我爸挺支持我的。因为我是学经济的，理论总得跟实践相结合，再说银行利率那么低，把钱存银行没有什么意义，玩儿玩儿股票比较刺激。要是保守一点儿呢，可以买买理财、基金什么的。有些基金回报率很高，甚至超过住房贷款利率。所以我宁愿贷款买房、买车，也要把现金用在回报率比较高的投资上。

王　雯：　真不愧是学经济的，你这股票、基金的一侃，把我都侃晕了。现在形势不好，我爸玩儿股票，进去是恐龙，出来变蜥蜴。我要有了钱，才不考虑拿它去生钱呢，那太操心了，钱没挣多少，愁出白头发可就因小失大了。我有钱就花，要把自己打扮得漂漂亮亮，小日子过得舒舒服服。如果再有点儿钱，就请爹妈去旅游。他们辛辛苦苦把我养大，几乎都没有舍得给自己花什么钱，我当然应该报答他们了。

赵　立：　瞧我这表妹多孝顺，怪不得我姨妈把她夸成了一朵花。

铃　木：　谁的父母不喜欢这样的儿女呢？

志　强：　诸位，我又回到刚才的话题上了。今天讲座上还有人说，银行利率应该再下调一些，让老百姓觉得把钱存银行不如花掉，也是鼓励老百姓消费的一种办法。不过我觉得现在老百姓消费比较低迷，并不是手里没钱。他们存银行不是为了那点儿利息，而是想用在关键的地方，比如子女的教育费用啦、生病住院的医疗费用啦、退休以后的养老费用啦。要想鼓励消费，首先要社会安定，建立起行之有效的保险制度。人们对前景乐观了，才能放心消费。

铃　木：　你说得有道理。是得增加其他的消费渠道。中国国内旅游已经成了家常便饭，出境游也很火，周边国家就不用说了，还有"澳洲风情""印象非洲""南美体验""欧洲深度游"什么的。世界的著名景点，中国人无所不在。会讲中文的导游很吃香啊。

志　强：是啊，我父母刚去了趟美国，说商店里有专门的中文导购，银行卡直接刷卡消费。中国人的海外消费潜力很大啊。对了，下周讨论维护个人消费权益的问题，你们可还要来参加啊。

词　语

1	拉动	lādòng	（动）	促进：～消费｜制定政策～经济发展。
2	房地产	fángdìchǎn	（名）	real estate：～公司｜搞～。
3	深化	shēnhuà	（动）	向更深的阶段发展：～改革｜不要～矛盾。
4	呼吁	hūyù	（动）	向个人或社会提出要求，请求帮助或主持公道：～世界和平。
5	渠道	qúdào	（名）	途径；门路：扩大商品流通～。
6	产业	chǎnyè	（名）	构成国民经济的行业和部门：高科技～｜旅游是这个国家的支柱～。
7	存款	cúnkuǎn	（名）	存在银行里的钱。
8	储蓄	chǔxù	（动）	一般指把钱存到银行里，书面语词：～所｜国民～情况。
9	寅吃卯粮	yín chī mǎo liáng		比喻收入不够用，预先用了以后的收入。
10	大头（儿）	dàtóu(r)	（名）	大的那一端；主要的部分。一般指钱财方面：买这套房子我父母出～，我出小头儿｜公司利润老板拿～。
11	花销	huāxiāo	（动）	花费；支出的费用：在大城市生活～太大。
12	富富有余	fùfù yǒuyú		足够而有剩余。
13	化妆品	huàzhuāngpǐn	（名）	cosmetics
14	腰包	yāobāo	（名）	指钱包：掏～｜自掏～。
15	囊中羞涩	nángzhōng xiūsè		囊：口袋；羞涩：难为情，不好意思。指没有钱。
16	对号入座	duì hào rù zuò		本来指按照座位号入座，比喻把有关的人或事物跟自己对比联系起来。

17	追星族	zhuīxīngzú	（名）	star fan：我妹妹是个～｜我早就过了～的年纪。
18	人寿保险	rénshòu bǎoxiǎn		保险种类之一，简称"寿险"。personal insurance
19	水涨船高	shuǐ zhǎng chuán gāo		比喻事物依靠的基础提高了，事物本身也随着提高：工资增加了，但物价也～。
20	系数	xìshù	（名）	科学技术上用来表示某种性质的程度或比率的数：保险～｜提高安全～。
21	起码	qǐmǎ	（形）	最低限度的：在高速路上开车，时速～不低于60公里。
22	尝试	chángshì	（动）	试，试验：喜欢～新东西。
23	股票	gǔpiào	（名）	stock
24	利率	lìlǜ	（名）	interest rate：存款～｜贷款～比较高。
25	基金	jījīn	（名）	fund：～会｜科研～。
26	回报率	huíbàolǜ	（名）	投资基金、理财产品等得到的利率：投资～。
27	侃	kǎn	（动）	（北方方言）闲谈，闲扯：他真能～｜胡～了半天。
28	恐龙	kǒnglóng	（名）	dinosaur
29	蜥蜴	xīyì	（名）	lizard
30	因小失大	yīn xiǎo shī dà		为了小的利益而造成大的损失。
31	报答	bàodá	（动）	用实际行动来表示感谢：～父母｜～他的救命之恩。
32	孝顺	xiàoshùn	（动）	尽心照顾父母，顺从父母的意志：～父母｜他儿子很～的。
33	下调	xiàtiáo	（动）	（价格、利率等）向下调整。
34	低迷	dīmí	（形）	低落，不景气。stagnant：市场～｜经济～。
35	利息	lìxī	（名）	因存款、放款得到的本金以外的钱。interest
36	行之有效	xíng zhī yǒu xiào		实施某一办法、措施很有成效。
37	火	huǒ	（形）	兴盛，兴旺：这首歌现在特别～。
38	风情	fēngqíng	（名）	（书面语）这里指各地的风景和民俗特点。

| 39 | 导购 | dǎogòu | （名） | 介绍商品，引导顾客购物的人。 |
| 40 | 潜力 | qiánlì | （名） | 未发现的能力或力量：他很有研究~｜市场~巨大。 |

注释

1. 仁者见仁，智者见智

   出自《易经》，指对同一个问题各人有各人的见解。也可说成"见仁见智"。

2. 花钱如流水

   指花钱像流水一样没有节制，花得很多。

3. 寅吃卯粮

   古代以干支纪年，十二地支的顺序为子、丑、寅、卯、辰、巳、午、未、申、酉、戌、亥，寅年在卯年的前面。寅年就吃了卯年的粮食，表示提前使用了以后的收入。

4. 说句不好听的

   常用于自嘲或婉转地批评别人。

5. 不怕一万，就怕万一

   担心发生意外的、不希望发生的事情。"万一"，万分之一的简称。

6. （把她）夸成一朵花

   比喻非常喜爱，夸赞得很好。

7. 澳洲（Àozhōu）

   指澳大利亚所在的大洋洲。Oceania

练习

（一）课文部分

一 用正确的语调朗读下列句子：

1. 不会吧，你每月的钱可不算少啊。
2. 要是我爸妈知道，准会又教育我。
3. 你呀，让我说你什么好呢？典型的低收入高消费。

4. 你这是说我呢吧？

5. 我要有了钱，才不考虑拿它去生钱呢，那太操心了。

6. 瞧我这表妹多孝顺！

7. 你说得有道理！

二 说出下列各句画线部分的含义：

1. 就我个人来说，<u>我花钱如流水</u>，几乎总在寅吃卯粮。
2. 每月父母<u>出大头儿</u>，外加一笔<u>不多不少</u>的奖学金。
3. 要花钱的地方太多了。可是<u>一摸腰包</u>就太惭愧了。
4. <u>挣一个花俩</u>，多少钱都不够。
5. 人常说"<u>不怕一万，就怕万一</u>"嘛。
6. 你这股票、基金的一侃，把我都<u>侃晕</u>了。
7. 钱没挣多少，愁出白头发可就<u>因小失大</u>了。
8. 怪不得我姨妈<u>把她夸成了一朵花</u>。

三 根据课文内容回答问题：（请使用提示词语）

1. 今天的讲座上大家有什么样的建议？
   （房地产　旅游业　保险意识　投资渠道　教育产业）

2. 赵立怎么看待这些建议？
   （综合　强调　片面　满足　增加　消费　应该）

3. 王雯的钱有几个来源？
   （大头儿　外加　不多不少　家教　打工　亲戚）

4. 王雯的钱主要花在什么方面？
   （基本花销　控制不住　演出　聚会　出门　买）

5. 赵立为什么不像表妹那样花钱？
   （追星族　工作　联系　西装　最大的消费　不得不考虑的消费）

6. 保险在人们生活中有什么作用？
   （人人离不开　"不怕一万，就怕万一"　余地　水涨船高　安全系数　心理）

7. 志强为什么选择投资？
   （闲钱　玩儿股票　理论　实践　银行利率　基金　回报率　贷款）

8. 王雯打算怎么花钱？
   （不考虑　操心　因小失大　有钱就花　报答）

9. 老百姓为什么不愿意多消费？
   （利息　关键　教育　医疗　养老）

四 赵立和王雯的消费观念有什么不同？

（二）词语部分

一 标出下列词语的读音，然后在句中填入适当的词语：

呼吁　　渠道　　储蓄　　寅吃卯粮　　富富有余　　囊中羞涩
对号入座　　水涨船高　　因小失大　　行之有效　　潜力

1. 经过这么多年，教育家们仍未设计出比考试更（　　　）的评价方法。
2. 因为哥哥善于理财，所以我们家不必再过（　　　）的日子了。
3. 为完成这个项目，他通过各种（　　　）查找资料、获取信息。
4. 那不过是一部电影，如果有人（　　　），就会惹出麻烦。
5. 我们应该（　　　）全社会关注妇女儿童的权益。
6. 缺乏耐心的人，往往会（　　　）。
7. 随着全球经济好转，全球石油需求也（　　　）。
8. 这是一笔很大的存款，买辆奥迪（　　　）。
9. 我们两国之间在很多方面都有很大的合作（　　　）。

二 从所给的答案中选择一个，完成句子：

1. 我不玩儿股票，（那太担心了／那太操心了）。
2. （他什么都听父母的／他每天都给父母做饭），非常孝顺。
3. 他说得有道理，（我们得再好好考虑考虑／我们得想想怎么说服他）。
4. 这套房子是给儿子结婚用的，按理说应该（由父母出大头儿／由儿子出大头儿）。
5. 我想去的地方太多了，可是（一摸腰包就太惭愧了／一摸钱包就好意思了）。

6. 不怕一万，就怕万一，（出门还是多带点儿钱比较好／出门还是少带点儿钱比较好）。

7. 你把我侃晕了，（我都不知道你到底想让我怎么做了／我知道你是为我好）。

8. 这只是小说，请勿（对号入座／囊中羞涩）！

三 用画线词语简单回答下列问题：

1. 请举例说明什么叫"<u>花钱如流水</u>"。
2. 哪些<u>产业</u>算得上文化<u>产业</u>？
3. "<u>存款</u>"和"<u>储蓄</u>"有什么差异？
4. 人什么情况下会觉得自己<u>囊中羞涩</u>？
5. 你觉得做什么投资<u>回报率</u>比较高？
6. <u>孝顺</u>的儿子或女儿会做什么事？请举例说明。
7. 在经济<u>低迷</u>期，人们的消费情况会怎样？
8. "进去是<u>恐龙</u>，出来变<u>蜥蜴</u>"形容股市行情很差，你能想出哪些类似的表达？

（三）句式部分

用给出的词语改说或完成句子：

1. ……真……吗？说老实话，……

    中国老百姓口袋里真有那么多钱吗？说老实话，看到国民个人存款统计数字，我吓了一跳。

    （1）这件事你到底有没有把握？我听你说得这么不肯定，心里是很担心的。

    （2）学费是不是像他说的那么高？像我家这样中等收入的家庭恐怕念不起吧。

    （3）人参是不是有那么大的用处呢？……

    （4）上各种学习班、辅导班会不会有帮助？……

    （5）A：他说打算等孩子初中一毕业就把他送出去留学。

    　　B：……

2. 就……，说句不好听的，……

    就你毕业挣的那点儿工资，说句不好听的，连房租都不够，更别说干其他事了。

（1）你们那个小地方，根本发展不起来。

（2）我这点儿外语水平，连日常生活都应付不了，听课就更不用提了。

（3）他写的那种作文……

（4）你们工厂这样的条件……

（5）A：我想去参加电视台的歌唱比赛，你看我能不能得奖？

B：……

3. ……可以……，起码……

上保险可以给自己的生活增加安全系数，起码心理上感觉不错，所以我将来会在保险方面多投入一些。

（1）学外语有很多好处，比如了解不同民族的文化，至少也可以交一些外国朋友。

（2）这件衣服大就大一点儿吧，还能凑合着穿，至少比没有强。

（3）我想，人必须有一份比较稳定的工作……

（4）A：明天就要比赛了，你们今天怎么还练哪？休息休息吧！

B：……

（5）A：你为什么非要学金融呢？

B：……

4. ……，宁愿……，也（不）……

有些基金回报率很高，甚至超过住房贷款利率。所以我宁愿贷款买房、买车，也要把现金用在回报率比较高的投资上。

（1）老张特别喜欢自由，工资低一点儿也没关系，但一定要有自己的时间。

（2）她不愿意给父母增加负担，总是尽量自己打工挣钱，从不跟父母要钱。

（3）这个母亲太爱自己的孩子了……

（4）他特别怕跟人问路……

（5）他太讲究饮食了，如果味道不好……

5. 真不愧……，……的 + 一 + 动词，……

真不愧是学经济的，你这股票、基金的一侃，把我都侃晕了。

（1）到底是律师，优势是什么、劣势是什么，都分析到了，我决定听他的。

（2）他是一个做买卖的，关于产品吹了不少好处、优点，说得当时就有不少人买了他的东西。

（3）搞电脑的专家……

（4）讲笑话的高手……

（5）A：江老师的讲座怎么样？你听完有收获吗？

　　B：……

6. 你说得有道理！……（肯定并补充对方的话）

　　你说得有道理。是得增加其他的消费渠道。

（1）这个菜市场的蔬菜水果又新鲜、又便宜，谁不喜欢呢？

（2）每天除了看书就是学习，这样的生活肯定会很枯燥（kūzào）的。

（3）让一个刚大学毕业的人完成这么重的任务……

（4）工资那么低……

（5）那里气候那么糟糕……

（四）任务与活动

一 讨论题：

1. 为了鼓励国民消费，国家一般会采取哪些措施？
2. 你对"花明天的钱，办今天的事"怎么看？
3. 人在不同阶段的消费有什么特点？

二 就下列问题进行调查并作汇报：

　　调查几个不同职业或年龄的人，看看他们每个月在各个方面的支出情况，了解一下他们的消费观念，然后进行比较分析，在班里做报告。

三 辩论题：

甲方：用明天的钱过今天的日子。（消费派）
乙方：用今天的钱做明天的准备。（储蓄派）

口语知识（二）

汉语中的成语、俗语、惯用语和歇后语

　　成语指的是中国人相沿习用的意义完整、结构定型、表达精练、含义丰富的固定词组，多为四字格，如：日新月异、叶公好龙。俗语，也说"俗话"，是指民间流行的、通俗而语义警醒或表意诙谐生动的定型语句，如：饭后百步走，活到九十九。惯用语也是指一种相沿习用的定型短语，它的特点是形式多为三个音节，语义多为比喻义或引申义，如：托门子、挖墙脚、万事通。歇后语最大的特点是由前后两部分组成，前一部分像谜语的谜面，后一部分是本意或本意的谐音，像谜语的谜底。人们通常只说前一部分，后边的本意留给人去体会，如：黄鼠狼给鸡拜年——没安好心，哑巴吃黄连——有苦说不出。

　　俗语、惯用语和歇后语一般来源于生动活泼的口语，所以也就多用于口语中。成语的来源则要复杂得多。

一、成语的主要来源

1. 寓言神话

中国古代出现了大量的寓言故事和神话故事，这些故事常常有很深的寓意，在长期使用的过程中，逐渐固定下来，形成了成语。如：

> 愚公移山、守株待兔、精卫填海、刻舟求剑、井底之蛙、叶公好龙、画蛇添足

2. 历史故事或事件

一些成语是从有名的历史故事或历史事件中提炼出来的。如：

> 望梅止渴、完璧归赵、四面楚歌、负荆请罪、指鹿为马、夜郎自大

3. 诗文名句

中国古代的诗文创作非常繁荣，特别是唐宋时期，留下了很多名诗佳句，被后人广泛引用，久而久之，就形成了成语。如：

> 水落石出、任重道远、兢兢业业、短兵相接、虎视眈眈、一视同仁、水乳交融

另外，还有一些口头流传下来的和当代人们创造的，也是成语的重要来源。

二、成语、俗语、惯用语、歇后语的特点

概括起来看，有以下两点：

1. 定型

成语和俗语，一般都由固定的词语构成，不得替换，次序一般也不能变动，具有相对的定型性。例如，"毛遂自荐"不能说成"张三自荐""李四自荐"；"坐井观天"不能说成"坐楼观天"；"一刀切"不能说成"两刀切"；"画蛇添足"不能说成"画虫添足"；"吃鸭蛋"不能说成"吃鸡蛋"；"外甥打灯笼——照舅"不能说成"侄子打灯笼——照舅"。其它的词语情况也都类似。

2. 具有特定的意义

成语和俗语、惯用语、歇后语，除了形式固定以外，一般还都具有特定的含义，即具有不能从字面上推出来的意思。例如，"对牛弹琴"字面上的意思是弹琴给牛听，引申义为对听不懂道理的人讲道理或对外行人讲内行话，也讥讽讲话、写文章等不看对象；"大鱼吃小鱼"字面的意思是"大的鱼吃小的鱼"，比喻义为"强大的欺压或吞并弱小的"；"开夜车"字面的意思是"夜里开车"，隐含的意义为"工作、学习到深夜"；"猪鼻子插大葱——装象（相）"，字面的意思是猪假装成大象，比喻假装成某种样子（以取得别人的善待和同情）。

三、成语、俗语、惯用语、歇后语的作用

1. 简洁明了

同样一件事或一个意思，可以用不同的词语和形式来表达，其效果是不一样的。用成语、俗语、惯用语来表达，会让人觉得简单、清楚。比如说，一个人在工作中经常加班加点，但是收获很小，这样一件事，我们可以简单地用四个字来概括：事倍功半。再比如，一个人学到的技术或知识不太好，或只掌握了其中的一部分，我们可以用一个惯用语来简单地加以概括：半瓶醋。

2. 幽默诙谐

俗语、惯用语、歇后语的共同特点就是口语性强。这些词语多来源于群众的口头语言，并广泛地运用于口头交谈之中，因此使用频率极高。另外，它们大多具有幽默、诙谐的特点，给人以生动、形象之感。如：吹牛皮、拍马屁、开门红、上马、摊牌、猪八戒照镜子、茶壶里煮饺子、干打雷不下雨、小葱拌豆腐、刀子嘴豆腐心、王八吃秤砣。这些词语所表达的意思十分形象、幽默，一般的词语是很难达到这样的效果的。

四、使用中应注意的问题

这些词语对提高语言的表现力能起到很好的作用，要想使用得当，还需要注意以下几点。

首先，应该搞清楚这些词语的确切含义，不能望文生义。比如"朝三暮四"，现在用来比喻反复无常，而不是早上三个，晚上四个；"半斤八两"不是两个数字，而是比喻水平差不多；"胸有成竹"不是"胸中有竹子"，而是指办事之前，心中已有对这件事的全盘打算和成功的把握；"近水楼台"不是指靠近水的楼台，而是比喻具有优先或方便的条件；"铁公鸡"从字面上看是"铁做的公鸡"，但是其实它的真正含义是比喻吝啬的人。

其次，要搞清成语、俗语、惯用语、歇后语的用法。只有搞清它们的词性或短语类型，才能用得准确。例如："江郎才尽""姜太公钓鱼""放羊"这些词语是动词性的，而"耳边风""露水夫妻"是名词性的。

第三，还要明确成语、俗语、惯用语、歇后语的感情色彩。这些词语一般都有感情色彩，既有褒义、贬义、中性之分。例如，"得过且过""指鹿为马""戴高帽子""岂有此理"等词语是贬义的，即用于指称、说明消极的或不好的事情或情况；而"道不拾遗""大器晚成""百里挑一"等词语是褒义的，即用于指称、说明积极的或好的事情或情况。只有搞清楚了成语、俗语、惯用语、歇后语的感情色彩，才能保证运用正确，否则就会用错，甚至闹出笑话。

（根据杨德峰《汉语与文化交际》中"成语和俗语"改写）

附：除了上面已经提到的例子以外，建议掌握并记住下列常用的成语、俗语、惯用语：

1. 成语：

按劳分配	百花齐放	百家争鸣	半途而废	暴风骤雨	不相上下
不正之风	层出不穷	朝气蓬勃	成千上万	诚心诚意	川流不息
从容不迫	粗心大意	大公无私	大同小异	大有作为	得不偿失
独立自主	发愤图强	发扬光大	改邪归正	格格不入	根深蒂固
供不应求	顾全大局	归根到底	合情合理	和平共处	画蛇添足
家喻户晓	坚贞不屈	接二连三	津津有味	精打细算	精益求精
敬而远之	举世闻名	举世瞩目	聚精会神	开天辟地	可想而知
理所当然	理直气壮	乱七八糟	美中不足	门当户对	面面俱到
名副其实	莫名其妙	目中无人	弄虚作假	萍水相逢	奇花异草
岂有此理	恰到好处	恰如其分	千方百计	前所未有	勤工俭学
全力以赴	全心全意	热泪盈眶	思前想后	似是而非	随时随地
损人利己	滔滔不绝	讨价还价	天长地久	投机倒把	万古长青
微不足道	无可奉告	无可奈何	无论如何	无能为力	无所作为
无微不至	显而易见	想方设法	小心翼翼	欣欣向荣	兴高采烈
循序渐进	一技之长	一路顺风	以身作则	引人注目	永垂不朽
斩钉截铁	争先恐后	指手画脚	众所周知	自力更生	自始至终
自私自利	自相矛盾	总而言之			

2. 俗语

八九不离十	八字没一撇
百闻不如一见	报喜不报忧
冰冻三尺，非一日之寒	病从口入，祸从口出
不当家不知柴米贵	不管三七二十一
不怕慢，就怕站	不是省油的灯
（不知）葫芦里卖的是什么药	车到山前必有路

吃饱了撑的 吃一堑，长一智
初生牛犊不怕虎 此地无银三百两
打破沙锅问到底 刀子嘴，豆腐心
高不成，低不就 胳膊拧不过大腿
隔行如隔山 各打五十大板
功夫不负有心人 过了这个村，没有这个店
恨铁不成钢 换汤不换药
家丑不可外扬 姜还是老的辣
井水不犯河水 老王卖瓜，自卖自夸
萝卜白菜，各有所爱 摸着石头过河
谋事在人，成事在天 人挪活，树挪死
三天打鱼，两天晒网 杀鸡给猴看
山外有山，天外有天 生米煮成了熟饭
十个指头不一般齐 水火不相容
太阳从西边出来 跳进黄河洗不清
万事俱备，只欠东风 物以稀为贵
先下手为强 像走马灯似的
行行出状元 一个巴掌拍不响
一碗水端平 这山望着那山高

3. 惯用语

爱面子	半边天	绊脚石	爆冷门	背黑锅	笔杆子
驳面子	炒鱿鱼	撑门面	吃得开	出风头	出难题
出洋相	穿小鞋	吹牛皮	凑热闹	打官腔	打光棍
打交道	大锅饭	戴高帽子	倒胃口	定心丸	丢面子
赶时髦	开绿灯	侃大山	马后炮	闹笑话	闹着玩儿
拍马屁	跑龙套	碰钉子	泼冷水	敲边鼓	伤脑筋
随大流	铁饭碗	拖后腿	一边倒	一锅粥	有两下子
走过场	走后门	走弯路	钻空子		

第七课　婚姻就像一双鞋

热身话题

1. 你参加过什么形式的婚礼？
2. 你觉得在婚姻中什么最重要？
3. 在你心目中，什么样的婚姻是幸福的？

本课人物：林父、林母、林雪、刘童童和未婚夫马健。

场　　景：林父林母结婚纪念日这天，林雪陪着父母去影楼补拍婚纱照，结束后在旁边的茶馆里巧遇林母的朋友——周平的女儿刘童童和未婚夫马健，他们正准备去取已经拍好的结婚照。

林　母：　童童啊，你看看我们小雪，非要我们赶这个时髦，来补拍什么婚纱照，折腾了这么大半天。你们年轻人，穿起婚纱来如花似玉、貌若天仙；我都老太太了，哪能跟年轻人比呀？

林　父：　说实在的，在我眼里啊，你穿着婚纱的样子一点儿都不比年轻人差。我呢，自我感觉也不错，燕尾服一穿、白手套一戴，也显得挺绅士的，照出来效果一定特棒。

林　雪：　是啊！你们结婚算起来也三十多年了，风风雨雨的挺不容易。现在中老年人流行补拍婚纱照，我就特想让我妈也披一次婚纱，弥补一下这个缺憾。

林　父：难得我们小雪的一片孝心。我们结婚那个时代，大家都比较清贫，结婚时也就买个洗衣机、冰箱、电视机啥的，哪有那么多讲究呀？然后再请请同事、邻居，简单地办个婚宴，发一发喜糖，就算是结婚了。我们俩的结婚照还是黑白的呢，现在拿出来看看，倒挺有时代感的。

刘童童：那时候的人生活简单，感情也特别纯真。我常听我妈妈说起您和阿姨，这么多年来风雨同舟、相濡以沫，感情越来越深、越来越浓了，就像酿造了多年的美酒一样。

林　父：你的比喻很贴切，的确是这样。我们是过来人，知道感情是需要细心经营的，这也可以算是一个婚姻"保鲜"的秘诀吧。

马　健：林叔叔，您能不能详细说说，怎么才能经营好夫妻之间的感情呢？

林　父：俗话说，"金无足赤，人无完人"，每个人都有自己的长处和短处。所以，首先呢，结婚前要睁大两只眼睛去看，对自己喜欢的人要优点和缺点都看到，然后慢慢去适应对方、接受对方。恋爱中的人智商最低，"情人眼里出西施"嘛，这是最忌讳的。一旦结了婚，就要学会睁一只眼、闭一只眼，一些无关紧要的小问题，互相包容一下就过去了，"难得糊涂"嘛。这其实是一个艰难而又漫长的磨合过程。好多年轻人懒得去想或者想不到这些，有了矛盾，不先想想怎么化解，而是离婚了事。其实离婚并不能真正解决问题，你再换一个人，还得去适应对方、改变自己，对感情的伤害也比较大。如果你不能这样细心地去经营感情，那选择婚姻的时候就得三思而后行了。

马　健：您这一席话说到我心里去了，真是让我茅塞顿开啊！

刘童童：我也觉得林叔叔的话很有道理。要是没有遇到合适的人，我宁可一个人过。都说婚姻是一座"围城"，外面的人想进去，里面的人想出来。有些人对婚姻挺悲观的，干脆就认为婚姻是爱情的坟墓。其实只要照着林叔叔的这个秘诀去做，很多婚姻悲剧都是可以避免的。

林　母：	只要两个人都对婚姻抱着一个共同的信念，再加上责任感和包容心，就能够白头到老。生活中成功的婚姻也很多呀。
林　雪：	现在时代变了。年轻一代都提倡张扬个性，不愿意为了婚姻而改变自己；而且人们对婚姻质量的要求越来越高，谁也不愿意委曲求全，凑合着过。现在有不少人都先同居一段时间，彼此找找感觉，深入了解一下，合则聚，不合则散。
林　父：	换换脑筋，转变一下观念，这倒也不失为一个选择。为了保险起见，现在不仅有婚前财产公证，还有在恋爱中签合同的。前两天报上有件新鲜事，一对热恋中的青年男女去律师事务所签订了一份"恋爱合同"，内容有15条，涉及到恋爱过程中可能发生的各种情况，还详细列出了约会形式、约会内容、恋爱费用、保密协议、违约责任什么的。
刘童童：	我有个同学也是这么做的，她把这叫作"把丑话说在前头"，我觉得也算是比较明智的做法，省得以后出现问题说不清楚。
林　雪：	婚姻也有签合同这一说呀？签了合同还得办公证才能有效呢。谁结婚时也没想着要离婚，可现实社会里听到的婚姻财产纠纷太多了。所以现在的人都多了一个心眼儿，亲是亲，财是财，这对大家也是一种保护呢。
马　健：	那多见外呀，在一起都没有一家人的感觉了。我觉得只要真心相爱，就根本不需要签什么合同。那种"AA制"的家庭总让人觉得夫妻之间缺少信任，家庭结构也很松散，稍有风吹草动就会出问题。
林　母：	童童，我冒昧地问一句，什么时候能吃你们俩的喜糖呀？
刘童童：	你们都不是外人，我实话跟你们说吧。因为马健离过婚，还有一个3岁的女儿，我父母心里一直转不过这个弯来，总觉得自己的女儿一结婚就得当后妈，挺委屈的。我做了好长时间的思想工作，最近他们好不容易才松了口。
林　母：	怪不得你妈妈最近不大说你的事呢。她的心情我能理解，是担心你婚后家庭关系复杂，不好相处，而且操心的事情又多，过得不幸福。
林　雪：	婚姻呀，就像一双鞋，穿在脚上，舒服不舒服只有自己知道，没有

什么固定不变的模式。家庭关系是各种各样的，就算没有与前妻或前夫子女的关系，也还会有婆媳的关系、与家里其他人的关系，关键就看你怎么去处理了。

刘童童：　林姐说得太好了。不过，说到底，父母也是为我好，我呢，也得给他们一点儿时间。其实我们马健各方面都挺优秀的，女儿也特别乖巧、可爱。马健，是吧？

马　健：　你问我呀？我只能用实际行动来回答了。今天看到叔叔阿姨，我才真的感到人生最浪漫的事就是"和你一起慢慢变老"。走，咱们去看看照片照得怎么样。

词　语

1	婚纱	hūnshā	（名）	婚礼上新娘穿的一种特制的礼服。
2	折腾	zhēteng	（动）	翻过来倒过去：别~｜太~｜~人。
3	如花似玉	rú huā sì yù		形容女子容貌美丽。
4	燕尾服	yànwěifú	（名）	一种男式黑色晚礼服，即 swallowtail。
5	绅士	shēnshì	（名）	指有身份、有地位、有教养的人物。gentleman, gentry
6	风风雨雨	fēngfēngyǔyǔ		又是风，又是雨。比喻重重的艰难困苦。
7	弥补	míbǔ	（动）	补偿，补上：~损失｜~缺憾｜~不足｜无法~。
8	缺憾	quēhàn	（名）	不够完美而使人感到遗憾的地方：有~｜减少~｜留下~。
9	孝心	xiàoxīn	（名）	对父母、长辈孝敬的心意。filial sentiments, filial devotion
10	清贫	qīngpín	（形）	清苦贫寒：~的生活｜~的家｜~的日子。
11	纯真	chúnzhēn	（形）	纯洁真挚：~的孩子｜~的友谊｜~的爱情。
12	风雨同舟	fēng yǔ tóng zhōu		在风雨中同坐一条船。比喻共同度过困难。
13	相濡以沫	xiāng rú yǐ mò		比喻同处困境，相互救助。

14	酿造	niàngzào	（动）	利用发酵作用制造：~酒｜~醋｜~酱油。
15	比喻	bǐyù	（名）	用某些有类似点的事物来比拟想要说的某一事物，以便表达得更加形象生动。metaphor, analogy：拿（用、以）……~……。
16	贴切	tiēqiè	（形）	所用的语言文字恰当、确切：比喻~｜用词~｜内容~。
17	秘诀	mìjué	（名）	能解决问题的不公开的巧妙办法。secret (of success)
18	无关紧要	wúguān jǐnyào		跟紧急重要的事没有什么关系。形容事物不重要，不是主要的。
19	包容	bāoróng	（动）	宽容：~他人｜~缺点｜很~｜学会~。
20	磨合	móhé	（动）	本课指经过一段时间的共同经历和生活，逐渐相互适应：互相~｜~一段时间。
21	化解	huàjiě	（动）	解除，消除：~矛盾｜~问题｜~困难｜~郁闷｜迅速~。
22	茅塞顿开	máosè dùnkāi		形容忽然理解、领会。
23	坟墓	fénmù	（名）	埋葬死人的穴和上面的土堆。grave, tomb
24	悲剧	bēijù	（名）	比喻不幸的遭遇：一场~｜一出~。
25	白头到老	bái tóu dào lǎo		夫妻共同生活到老。也说"白头偕老"。
26	张扬	zhāngyáng	（动）	把不必让众人知道的事情宣扬出去：~自我｜~出去｜很~。
27	委曲求全	wěiqū qiúquán		勉强迁就，以求保全；为顾全大局而暂时忍让。
28	同居	tóngjū	（动）	课文中指男女双方没有结婚而共同生活。
29	公证	gōngzhèng	（动）	to natarize：~处｜~书｜做~。
30	热恋	rèliàn	（动）	热烈地恋爱：两人正在~｜处于~之中｜~中的情人。
31	违约	wéiyuē	（动）	违背条约或契约：严重~｜~金｜对方~在先。
32	明智	míngzhì	（形）	懂事理，有远见，想得周到：~的家长｜~的办法。
33	纠纷	jiūfēn	（名）	争执的事情。dispute, issue：产生~｜解决~。
34	见外	jiànwài	（形）	当成外人看待：别~｜太~了。

35	松散	sōngsǎn	（形）	（事物结构）不紧密：结构~｜组织~｜纪律~｜文章~。
36	风吹草动	fēng chuī cǎo dòng		比喻轻微的变化。
37	冒昧	màomèi	（形）	（言行）不顾地位、能力、场合是否适宜（多用做谦辞）：~地问｜~地说｜~地打听｜~打扰｜太~了。
38	后妈	hòumā	（名）	父亲后娶的妻子，也称"继母"。stepmother
39	松口	sōng kǒu		不坚持（主张、意见等）：怎么都不~｜终于松了口。
40	婆媳	póxí	（名）	指婚后男方的母亲和妻子：~关系。
41	乖巧	guāiqiǎo	（形）	形容善解人意，讨人喜欢：~的孩子｜~的狗｜~地说｜很~。

注释

1. 喜糖

    结婚时请人吃的糖果。另外还有喜烟、喜酒。

2. 过来人

    对某类事情有过亲身体验或经历的人。

3. 保鲜

    原意是指保持蔬菜、水果、肉类等容易腐烂的食物的新鲜。课文中用来比喻保持爱情的长久新鲜。

4. 金无足赤，人无完人

    比喻世界上没有十全十美的人，每个人都有优点和缺点。

5. 情人眼里出西施

    西施是中国古代春秋末期越国的美女，中国古代四大美女之一。这句话是比喻由于有了感情，所以觉得对方无处不美。

6. 睁一只眼闭一只眼

    指看见了装做没看见，不认真对待。

7. 难得糊涂

    清朝乾隆年间著名艺术家郑板桥的传世名言，指人在该装糊涂的时候难得做到。很多人认为这四个字中富含哲理，便写成横幅挂在家里，作为自己处世的格言。

8. 三思而后行

经过反复考虑之后再行动。形容处事谨慎。

9. 围城

现代著名学者钱钟书先生写过一部小说，名字叫《围城》。作者在书中说到，婚姻就像一座围城，外面的人想进去，里面的人想出去，所以后来"围城"常常被人用来比喻婚姻。

10. （把）丑话说在前头

提前把虽然实在但不中听的话（常用来提醒或警告别人）向对方讲清楚。

11. 多了一个心眼儿

课文中指想得细致周到。

12. 转不过弯来

比喻不能改变认识或想法。

13. 思想工作

课文中指为了改变对方的想法或认识而作的努力。

14. 说到底

说到根本上。

15. 和你一起慢慢变老

出自台湾歌手赵咏华1994年的一首歌《最浪漫的事》，其中最著名的两句是"我能想到最浪漫的事，就是和你一起慢慢变老"。这是赵咏华的成名曲。

练 习

（一）课文部分

一 用正确的语调朗读下列句子：

1. 你们年轻人，穿起婚纱来如花似玉、貌若天仙；我都老太太了，哪能跟年轻人比呀！
2. 说实在的，在我眼里啊，你穿着婚纱的样子一点儿都不比年轻人差。
3. 我们结婚那个时代，大家都比较清贫，结婚时也就买个洗衣机、冰箱、电视机啥的，哪有那么多讲究呀？

4. 林叔叔，您能不能详细说说，怎么才能经营好夫妻之间的感情呢？
5. 您这一席话说到我心里去了，真是让我茅塞顿开啊！
6. 婚姻也有签合同这一说呀？签了合同还得办公证才能有效呢。
7. 所以现在的人都多了一个心眼儿，亲是亲，财是财，这对大家也是一种保护呢。
8. 那多见外呀，在一起都没有一家人的感觉了。
9. 今天看到叔叔阿姨，我才真的感到人生最浪漫的事就是"和你一起慢慢变老"。走，咱们去看看照片照得怎么样。

二 说出下列各句画线部分的含义：

1. 你们结婚算起来也三十多年了，<u>风风雨雨</u>的挺不容易。
2. 我常听我妈妈说起您和阿姨，这么多年来<u>风雨同舟</u>、<u>相濡以沫</u>，感情越来越深、越来越浓了。
3. 一旦结了婚，就要学会<u>睁一只眼、闭一只眼</u>，一些<u>无关紧要</u>的小问题，互相包容一下就过去了，"难得糊涂"嘛。
4. 如果你不能这样细心地去经营感情，那选择婚姻的时候就得<u>三思而后行</u>了。
5. 您这一席话<u>说到我心里去了</u>，真是让我茅塞顿开啊！
6. 有些人对婚姻挺<u>悲观</u>的，干脆就认为<u>婚姻是爱情的坟墓</u>。
7. 我有个同学也是这么做的，她把这叫作"<u>把丑话说在前头</u>"。
8. 所以现在的人都<u>多了一个心眼儿</u>，<u>亲是亲，财是财</u>，这对大家也是一种保护呢。
9. 那种"AA制"的家庭总让人觉得夫妻之间缺少信任，家庭结构也很松散，稍有<u>风吹草动</u>就会出问题。

三 根据课文内容回答下列问题：（请使用提示词语）

1. 对于拍婚纱照，林父、林母有什么不同的感受？
   （赶时髦　折腾　我都……，哪能……　一点儿都不比……差　自我感觉　……一穿，……一戴，也显得挺……的）

2. 介绍一下林父的婚姻"保鲜"秘诀。
   （首先……，然后……　一旦……，就要……　……而又……　磨合　有了……，不先……，而是……了事　其实……　如果……，就得……）

3. 刘童童的婚姻观是怎么样的？
   （要是……，宁可……　"围城"　外面的人……，里面的人……　悲观　干脆　其实）

4. 现代人的婚姻观有什么特点？
   （时代　提倡　不愿意　而且　委曲求全　先……，彼此……，深入……）

5. 林父说的新鲜事是什么？
   （为了……起见，不仅……，还有……　热恋中　签订　涉及到　详细列出）

6. 马健对于结婚签合同有什么看法？
   （见外　都……了　只要……，根本……　AA制　结构　稍有……就会……）

7. 刘童童的父母亲对刘童童的婚事有什么看法？
   （转不过弯　一……就……　委屈　思想工作　好不容易）

8. 林雪是如何看待婚姻的？
   （就像……，只有……　模式　就算……，也还会……，关键……）

（二）词语部分

一 标出下列词语的读音，然后在句中填入适当的词语：

如花似玉　　风风雨雨　　风雨同舟　　相濡以沫
无关紧要　　茅塞顿开　　委曲求全　　风吹草动

1. 一家人相互扶持，（　　　　）地走到今天，终于过上了安宁、幸福的生活。
2. 几十年中，他们俩携手经历了很多人生的（　　　　）。现在人到晚年，感情格外亲密、真挚。
3. 虽然丈夫脾气很糟，但她为了孩子还是（　　　　）地跟他过了一辈子。
4. 对任何一个学生来说，考试成绩都不是（　　　　）的。
5. 今天是小美大喜的日子，她穿着婚纱站在台上，（　　　　），楚楚动人。
6. 大赛前夕，大家都在紧张备战，同时也想了解更多对手的信息，如果一方有什么（　　　　），会牵动所有人的神经。
7. 在民族存亡的历史关头，各个党派应该（　　　　），这样才能度过难关。
8. 听了老师的讲解，我（　　　　），原来中国的书法艺术有这么深厚的历史基础。

二 从所给的答案中选择一个，完成句子：

1. （每天吃一根香蕉／吃香蕉对身体有好处）不失为一个对健康有益的好方法。
2. 他们俩是过来人了，（那些菜他们以前都吃过／他们的经验肯定对年轻人有帮助）。
3. 你听说过"金无足赤，人无完人"这句话吗？意思就是说，（世上没有完美无缺的人／世上没有像金子那么值钱的人）。
4. （他觉得女朋友怎么看怎么美／他觉得女朋友很像西施），真是"情人眼里出西施"啊！
5. 对于家庭生活中的一些小事，你就睁一只眼闭一只眼，（该管的就得管一管／别管得那么具体）。
6. （孩子的事情，该管的管，不该管的别管／孩子的所有事情都得管好），正所谓"难得糊涂"。这样对你和孩子都有好处。
7. （像选择结婚对象这种事情／对于什么衣服配什么鞋这类问题），你必须三思而后行。
8. 我把丑话说在前头啊，（如果你毁约的话，我们会到法院去告你／如果你遵守合约的话，我们次还可以合作）。
9. （跟朋友一起打球／跟人家做生意）要多一个心眼儿，免得出了问题不好解决。
10. （我跟你说了多少次了／我没跟你说过这些话呀），你怎么还转不过弯儿来啊？

三 用画线词语简单回答下列问题：

1. 小李在房间里<u>折腾</u>半天了，他在干吗呢？
2. 我看你最近瘦了不少，有什么减肥<u>秘诀</u>吗？
3. 你觉得这部新电影有什么<u>缺憾</u>吗？
4. 如果对方<u>违约</u>的话，会有什么后果呢？
5. 他们俩结婚多长时间以后才<u>磨合</u>得比较好的？
6. 我做了对不起朋友的事情，怎样才能<u>弥补</u>呢？
7. 这两家公司最近关系比较紧张，他们在闹什么<u>纠纷</u>啊？
8. 我做的饭怎么样啊？能<u>凑合</u>吃吗？

（三）句式部分

用给出的词语改说或完成句子：

1. ……都……了，哪能跟……比呀

    我都老太太了，哪能跟年轻人比呀！

    （1）我已经是老头子了，这么剧烈的运动肯定做不了。

    （2）他已经是公司的总经理了，普通的员工当然不能跟他相提并论。

    （3）小丽都大姑娘了……

    （4）小龙都大小伙子了……

    （5）A：我有一道初中生的数学题，想问问数学系的刘老师，你说他能回答出来吗？

    　　B：……

2. ……了事

    有了矛盾，不先想想怎么化解，而是离婚了事。

    （1）吃的东西坏了，只能把它扔掉。

    （2）矛盾还没有解决呢，你不能这样一走就完了。

    （3）我这个人吃东西特别简单……

    （4）家里养的小动物病了……

    （5）A：最近我发现我男朋友跟我说了很多谎话，待人一点儿也不诚实。

    　　B：……

3. ……则……，不……则……

    合则聚，不合则散。

    （1）学习就是这样，下功夫就会有收获，不下功夫就很难不断地进步。

    （2）对一个人来说，健康是最重要的。如果健康，就会有幸福；如果没有健康，就什么都谈不上。

    （3）保护环境太重要了……

    （4）与人相处，诚信最为重要……

（5）A：你最近瘦了好多，能告诉我减肥的秘诀吗？

　　　B：……

4. 不失为……

　　换换脑筋，转变一下观念，这倒也不失为一个选择。

（1）从听、说、读、写各个方面去记忆生词是一个很好的方法。

（2）小李这个人温和诚恳，善解人意，乐于助人，是一个不可多得的好朋友。

（3）昨天晚上我看的那部电影……

（4）A：岁月无情，我转眼就过了25岁了。有什么好方法能让人保持年轻呢？

　　　B：……

（5）A：你觉得我以后干什么工作比较合适？

　　　B：……

5. 为了……起见，……

　　为了保险起见，现在不仅有婚前财产公证，还有在恋爱中签合同的。

（1）为了快一点儿提高我的汉语水平，我白天在大学上课，晚上还要去私立学校练口语。

（2）我在家里的窗户和门上都安装了铁栅栏，主要是为了安全。

（3）……，我常常去比较便宜的市场买东西。

（4）A：你为什么把孩子送到收费那么贵的幼儿园去？

　　　B：……

（5）A：你家都快成书的海洋了。学校不是有图书馆吗？你买这么多书干吗？

　　　B：……

6. ……是……，……是……

　　所以现在的人都多了一个心眼儿，亲是亲，财是财，这对大家也是一种保护呢。

（1）你看这色彩搭配得多鲜明啊，红的地方鲜红，白的地方纯白，看起来赏心悦目。

（2）亲兄弟，明算账。你的钱属于你，我的钱属于我，还是分清楚比较好。

（3）这位老师讲课真清楚……

（4）你们家的花园布置得别具一格……

（5）A：在你们公司里，老板和员工的关系怎么样？

　　　B：……

（四）任务与活动

一 讨论题：

1. 你心目中理想的伴侣是什么样的？
2. 感情需要不断地直接表达出来吗？你喜欢什么样的表达感情的方式？
3. 如果你结婚，会选择什么样的婚礼形式？（传统的、现代的、隆重的、简单的、浪漫的，等等）
4. 怎样知道对方是否真心爱你？

二 就下列问题进行调查并作汇报：

1. 调查一下周围有以下选择的人，请他们谈谈各自的理由是什么。
   A. 选择结婚，要孩子
   B. 选择结婚，不要孩子
   C. 选择单身
2. 婚姻需要"门当户对"吗？问问你周围朋友的看法。

三 辩论题：

1. 甲方：婚姻是爱情的坟墓
   乙方：婚姻会让爱情升华
2. 甲方：在婚姻生活中，经济条件是最重要的
   乙方：在婚姻生活中，经济条件不是最重要的

第八课　让世界充满爱

热身话题

1. 你参加过什么社会公益活动吗？
2. "公益活动""慈善活动"一般都有哪些具体的内容？
3. 你知道哪些热衷于社会公益活动的企业和名人？

本课人物：铃木雅子、林志强、雅子的同学赵晓安、林志强的同学徐博。

场　　景：晚餐时分，雅子、志强在学校餐厅遇到赵晓安和徐博，四个人坐在一起边吃边聊。

赵晓安： 我告诉你们一件事，徐博今天有一个"壮举"，给一位患白血病的同学一下子捐了1000块，真的很了不起。（倒了一杯可乐递给徐博）来，我敬你一杯！

徐　博： 不敢当，不敢当，这是应该的，你这么说真让我受宠若惊了。我一个穷学生的力量太微薄了，杯水车薪而已。那个同学家在农村，家境比较贫困，又得了这种病，真是"屋漏偏逢连阴雨"，我就把这个月做家教挣的钱捐给他了。不过我看今天捐款的老师和同学真不少，"众人拾柴火焰高"，希望能帮他渡过难关。

志　强：　徐博一直是个特别有爱心的人，他还长期资助着边远地区的一个小学生读书呢。两个人经常通信交流，那个孩子在他的指导和鼓励下进步特别快。

徐　博：　别说我了。我看今天最辛苦的还是雅子和晓安，她们两个为了给那位同学募捐，顶着高温在图书馆门口站了一天，还得大声宣传，嗓子都喊哑了。待会儿我请你们吃冰激凌，慰劳慰劳你们啊。

赵晓安：　你别忘了，我们俩是学校"爱心社"的积极分子呀。"让世界充满爱"，这是我们爱心社的宗旨。看到有同学遇到了这么大的困难，我们是绝对不会袖手旁观的。

志　强：　你们都太伟大了，本人佩服得五体投地！要不是我赶着做毕业论文，这样的事我肯定也会参加的。这样吧，冰激凌我来请，就当是将功补过吧。

雅　子：　光请冰激凌还不够，你得参加我们下一次的活动，做点儿实事。

志　强：　遵命遵命！快说说，最近你们还有什么计划，我一定效犬马之劳。

雅　子：　那太好啦！下个周末，我们打算组织一批同学去盲人学校，一方面跟那里的师生交流沟通，了解他们的情况；另一方面也想给那里的孩子们读读故事。他们平时就住在学校里，跟外界接触的机会少得可怜。

徐　博：　好主意！我也报个名，再带上我女朋友一起去。

雅　子：　热烈欢迎！把更多的爱献给社会上的弱势群体，这是我们下一个阶段的活动主题。

赵晓安：　说起残疾人，我觉得他们太需要社会的关爱了。前一段看电视台搞了一个"真人秀"节目，就是请三个正常人蒙上眼睛，做三件不同的事情：一个人要在家里做一顿简单的饭菜，一个人要去超市采购需要的东西，还有一个人是要把一件物品送到一个指定的地点。我参加了这个活动，就是装扮成那个去超市购物的盲人。

志　强：　结果怎么样？你们都成功了吗？

赵晓安：　唉，简直惨透了！先说那个做饭的，电视台还特意请了一个专职的厨师，平时切土豆丝对他来说是易如反掌的事情，但由于看不见，他把土豆丝切得有小拇指那么粗，炒的时候又因为不能及时找到调料，那味道就可想而知了。我呢，本来还挺自信的，因为去的是我平时非常熟悉的超市，但等我的眼睛一被蒙上，立刻就晕了，我真正体会到了"两眼一抹黑"的感觉，完全转向了，根本搞不清东南西北，只好推着购物车乱转，要不是别人帮忙，我恐怕最后连一瓶洗发水都买不成。再说那个送东西的人，他比我们更狼狈。走的也是平时认识的路，但蒙上眼睛出了门，他就开始跌跌撞撞，到处碰壁。最大的挑战是坐公共汽车，他在车站等了四十分钟，也没有坐上合适的车。要不是一路上不停地有人帮助他，完成这个任务想也别想。正是这个活动让我产生了想要帮助残疾人的想法。

徐　博：残疾人碰到的困难是我们正常人难以想象的。你们做的这些事情确实很有意义。不过你们有没有想过，光靠咱们一群学生，是帮助不了所有需要帮助的人的。

雅　子：那当然啦！不过让我们觉得特别欣慰的是，随着整个社会文明程度的提高，关心弱势群体已经成了一种社会风气了。每年5月的第三个星期天是中国的"全国助残日"，开展安居、康复、就业、扶贫、法律维权、助学这六大爱心助残工程，还会发放扶贫助残基金，为残疾人提供全方位的帮助。

徐　博：现在已经进入老龄化社会了，孤寡老人、空巢老人越来越多，这也是一个大问题。今年春节，我们家那儿的社区开展了一个陪伴孤寡、空巢老人守岁的活动，我和女朋友也去当了志愿者，大年三十晚上陪一位80岁的老人聊天、包饺子、看春节晚会。虽说没跟家人在一起，但看到老人乐呵呵的样子，我们心里也觉得特充实。

赵晓安：我有个朋友，这几年一直坚持周末去临终关怀医院做义工，今年毕业找工作，这个经历给他加分不少呢！

徐　博：我要是单位领导，也愿意要这样有爱心、有社会责任感的年轻人。对了，昨天我看到一个报道，有个企业家捐了一批救护车，觉得特受鼓舞。这说明有些企业家已经具有了更高的素质和追求，把做慈善事业作为自己回报社会的方式。他们说，"财富的集聚就是社会责任的集聚",这应该说是一种比较高的境界了。

赵晓安：除了帮助有困难的人以外，现在其他的社会公益活动也是有声有色的。比如有人利用节假日去种树，有人去动物园认养动物，有人去旅游景点捡拾垃圾，还有人尽自己的能力救助流浪街头的或者受伤的小动物等等，我觉得也都是非常高尚的行为。有句话说，勿以善小而不为。正像有一首歌里唱的："只要人人都献出一点爱，世界将变成美好的人间。"

词　语

1	壮举	zhuàngjǔ	（名）	豪迈的举动，伟大的行为。
2	捐	juān	（动）	献出财物：～钱｜～衣服｜～用品。
3	受宠若惊	shòu chǒng ruò jīng		受到意外的宠爱或赏识而感到惊喜。
4	微薄	wēibó	（形）	微小单薄，量少：～的收入｜～的工资。
5	杯水车薪	bēi shuǐ chē xīn		比喻力量太小，起不了作用。
6	贫困	pínkùn	（形）	贫穷困苦：～的生活｜～的家庭｜～的百姓｜～地区。
7	难关	nánguān	（名）	比喻不容易克服的困难：度过～｜闯过～。
8	资助	zīzhù	（动）	用财物帮助：～朋友｜～亲戚｜～钱｜～药品｜～粮食｜得到～｜获得～｜失去～。
9	募捐	mùjuān	（动）	广泛征集捐款或物品：～钱款｜～物资｜～衣服。
10	慰劳	wèiláo	（动）	安慰问候，用食品等慰问：～父母｜～妻子。
11	宗旨	zōngzhǐ	（名）	主要的思想、意图或目的。
12	袖手旁观	xiù shǒu páng guān		比喻置身事外，不过问或不参与。
13	五体投地	wǔ tǐ tóu dì		形容佩服、尊敬到了极点。
14	将功补过	jiāng gōng bǔ guò		用功劳补偿过失。
15	遵命	zūnmìng	（动）	遵照对方的命令、意见（去做）。

16	残疾	cánjí	（名）	肢体、器官或其功能方面的缺陷：~人｜有~。
17	盲人	mángrén	（名）	失去视力的人。blind person
18	易如反掌	yì rú fǎn zhǎng		像翻一下手掌那样容易。比喻事情很容易做。
19	小拇指	xiǎomǔzhǐ	（名）	即小指。
20	调料	tiáoliào	（名）	烹调时用来增加滋味的油、盐、酱、醋等调味品。
21	狼狈	lángbèi	（形）	形容困苦或窘迫的样子：~的样子｜~不堪。
22	跌跌撞撞	diēdiē zhuàngzhuàng		形容走路摇晃不稳，像要摔倒的样子。
23	碰壁	pèng bì		碰到墙壁上。比喻遇到严重阻碍或被拒绝，事情行不通：到处~｜四处~｜碰了壁。
24	欣慰	xīnwèi	（形）	喜欢而心安：~的笑容｜~的表情｜感到~｜很~。
25	安居	ānjū	（动）	安定地居住、生活：~乐业。
26	康复	kāngfù	（动）	恢复健康：身体~｜病体~｜已经~｜正在~｜~训练｜~医院。
27	扶贫	fúpín	（动）	扶助贫困的人或地区发展经济，改变贫困的面貌：去山区~｜~政策｜~工作｜积极~。
28	维权	wéiquán	（动）	维护合法权益：消费者~｜~意识｜~活动｜必须~｜~日。
29	助学	zhùxué	（动）	帮助贫困的孩子完成学业：~金｜~活动｜政府~。
30	发放	fāfàng	（动）	（政府、机构）把钱或物资发给需要的人：~助学金｜~奖金｜~食品｜~物资。
31	全方位	quánfāngwèi	（名）	事物的各个方面；各个方向和位置：~外交｜~出击｜~了解｜~合作｜~改革。
32	社区	shèqū	（名）	以一定地域为基础的社会群体；城镇中按位置划分的居民区。
33	乐呵呵	lèhēhē	（形）	形容高兴的样子：~的样子｜~地说｜~地来了。
34	义工	yìgōng	（名）	自愿参加无报酬的公益性工作的人。volunteer
35	素质	sùzhì	（名）	平时的修养：~高｜~好｜~教育｜提高~。

36	集聚	jíjù	（动）	集合、聚合：在车站~｜~人才｜~精英｜~精华。
37	境界	jìngjiè	（名）	事物所达到的程度或表现的情况：~高｜有~｜思想~｜达到一定的~｜读书的~｜写作的~｜不同的~。
38	有声有色	yǒu shēng yǒu sè		形容表现得十分生动。
39	认养	rènyǎng	（动）	经过确认而承担抚养或保护的任务：~动物｜~树木｜~绿地｜欢迎~。
40	捡拾	jiǎnshí	（动）	拾取：~垃圾｜~起来。
41	流浪	liúlàng	（动）	没有固定的住所，到处漂泊，生活没有着落：~汉｜~者｜~动物｜到处~。

注 释

1. **白血病**（báixuèbìng）

   造血系统恶性增生性病变，也叫"血癌"。leukaemia

2. **不敢当**

   谦辞，承担不起（对方给予的礼遇、称赞、夸奖等）。

3. **屋漏**（lòu）**偏逢**（féng）**连阴雨**

   房子漏了，还正好赶上连续下雨。比喻境遇本来就不好，偏又遭到更大的不幸或打击，处境越发艰难。

4. **众人拾柴**（chái）**火焰**（yàn）**高**

   比喻大家共同努力产生的力量大；也比喻人多智广。

5. **爱心社**

   "社"是指某些自愿结合，从事共同的工作或活动的集体组织。课文中指学校里的学生社团。

6. **效犬马之劳**

   表示愿意供驱使，忠诚效劳。

7. **弱势群体**

   在社会地位、经济收入、受教育程度、竞争能力等方面处于弱势地位的社会群体。

8. **真人秀**

    电视节目的一种方式。reality television

9. **两眼一抹黑**

    表示完全看不见。也可以比喻完全不了解或不明白。

10. **孤寡（guǎ）老人、空巢（cháo）老人**

    孤寡老人，指家里没有别人，一个人生活的老人；空巢老人，是指子女不在身边的老人。

11. **临终关怀**

    是指在患者将要逝世前的几个星期甚至几个月的时间内，减轻其疾病的症状，延缓疾病发展的医疗护理。hospice care, palliative care

12. **勿以善小而不为**

    不因为一件好事很小而不去做。前面还有一句"勿以恶小而为之"。

练　习

（一）课文部分

一 用正确的语调朗读下列句子：

1. 不敢当，不敢当，这是应该的，你这么说真让我受宠若惊了。
2. 看到有同学遇到了这么大的困难，我们是绝对不会袖手旁观的。
3. 这样吧，冰激凌我来请，就当是将功补过吧。
4. 遵命遵命！快说说，最近你们还有什么计划，我一定效犬马之劳。
5. 唉，简直惨透了！
6. 要不是一路上不停地有人帮助他，完成这个任务想也别想。
7. 他们说，"财富的集聚就是社会责任的集聚"，这应该说是一种比较高的境界了。
8. 有句话说，勿以善小而不为。正像有一首歌里唱的："只要人人都献出一点爱，世界将变成美好的人间。"

二 说出下列各句画线部分的含义：

1. <u>不敢当</u>，不敢当，这是应该的，你这么说真让我<u>受宠若惊</u>了。
2. 那个同学家在农村，家境比较贫困，又得了这种病，真是"<u>屋漏偏逢连阴雨</u>"，我就把这个月做家教挣的钱捐给他了。

3. "众人拾柴火焰高",希望能帮他渡过难关。
4. 遵命遵命!快说说,最近你们还有什么计划,我一定效犬马之劳。
5. 平时切土豆丝对他来说是易如反掌的事情,但由于看不见,他把土豆丝切得有小拇指那么粗,炒的时候又因为不能及时找到调料,那味道就可想而知了。
6. 蒙上眼睛出了门,他就开始跌跌撞撞,到处碰壁。
7. 要不是一路上不停地有人帮助他,完成这个任务想也别想。
8. 随着整个社会文明程度的提高,关心弱势群体已经成了一种社会风气了。
9. 现在已经进入老龄化社会了,孤寡老人、空巢老人越来越多,这也是一个大问题。

三 根据课文内容回答下列问题:(请使用提示词语)

1. 徐博做了什么公益方面的事情?
   (壮举　捐　资助　通信　进步)

2. 赵晓安和雅子在公益活动方面做了些什么?
   (为了……,顶着……,还得……,……都……了　积极分子　看到……,绝对不会……)

3. 学校"爱心社"下一阶段有什么计划?
   (打算……,一方面……;另一方面……　接触　可怜　弱势群体　主题)

4. 赵晓安参加的是电视台的什么活动?
   (蒙　不同　一个人要……,一个人要……,还有一个人……)

5. 三个参加活动的人表现得怎么样?
   (……透了　先说……　平时……,由于……,他把……　本来……,但……,完全……,根本……　再说……,比……更……　……,但……,就……,要不是……)

6. 让雅子感到欣慰的是什么?
   (随着……的提高　社会风气　开展……,还会……,为……提供……)

7. 除了残疾人问题,徐博又提出了什么新的问题?
   (老龄化　……越来越多　开展……活动　志愿者　虽说……,但……)

8. 除了帮助有困难的人，还有什么其他的社会公益活动？
   （有声有色　种树　认养　捡拾　救助　高尚）

（二）词语部分

一 标出下列词语的读音，然后在句中填入适当的词语：

受宠若惊　　杯水车薪　　袖手旁观　　五体投地
将功补过　　易如反掌　　跌跌撞撞　　有声有色

1. 小李的失误给公司造成了损失，他决心（　　　），下个月为公司创造更多的利润。
2. 警察让他靠边停车，他从车上下来时（　　　）的，明显是喝高了。
3. 虽然每个人捐献的并不多，可以说只是（　　　），但集聚起来，力量就大了。
4. 看到小偷正在行窃，他没有（　　　），而是勇敢地冲上去抓住了小偷。
5. 做几个仰卧起坐对一个体育明星来说是一件（　　　）的事情。
6. 小燕接过了父母开的小店，她想出了很多新招，把一个老店经营得（　　　）的，重新焕发了青春。
7. 领导平时不怎么跟我说话，今天突然特别热情地跟我拉家常，真让我（　　　）啊！
8. 看到古人写的书法，真让我佩服得（　　　），那种功夫和境界是现代人比不了的。

二 从所给的答案中选择一个，完成句子：

1. （二位女士有什么需要帮忙的／领导让我马上去上海出差），本人愿意效犬马之劳。
2. A：老师，（您真是一位难得的好老师啊／您讲的内容对我们很有用）。
   B：哎哟，实在是不敢当啊！
3. 众人拾柴火焰高，只要（你好好儿干，就一定能成功／大家齐心协力，就能够实现我们的目标）。
4. （咱们还是把座位让给更需要的人吧／两位老人把毕生积蓄的两百万捐给了母校），勿以善小而不为嘛。
5. A：老公，（你今天一定要去市场买菜啊／你怎么这么晚才回来啊）！
   B：好的，遵命遵命！
6. 对一个专业的厨师来说，（做十桌高级的婚宴／做一个西红柿炒鸡蛋）是易如反掌的事情。

7. （天天玩儿电脑游戏／天天在图书馆学习），还想考好成绩？想也别想啊！
8. 一场不大不小的地震，（再加上连日的大雨和低温／打乱了这个小城平静的生活），给人们的生活带来了巨大的困难，真是屋漏偏逢连阴雨啊！
9. 社会上的弱势群体是特别需要关爱的，尤其是那些（刚刚毕业的大学生／失去视力的盲人）。
10. 刚开始（做这一项工作时／练习短跑这项运动时），我两眼一抹黑，什么都不懂，需要不停地向别人请教。

三 用画线词语简单回答下列问题：

1. 你认为什么样的行为可以称得上是"<u>壮举</u>"？
2. 在你们国家，工资<u>微薄</u>的工作有哪些？
3. 在你认识的人中有<u>残疾</u>人士吗？他们的生活状况怎么样？
4. 你遇到过什么<u>碰壁</u>的事情？
5. 在日常生活中碰到的最让你<u>狼狈</u>的事是什么？
6. 你觉得自己做什么事可以让爸爸妈妈感到<u>欣慰</u>呢？
7. 作为消费者，在什么情况下需要<u>维权</u>？
8. 这两个国家开展的<u>全方位</u>的合作具体有哪些方面？

（三）句式部分

用给出的词语改说或完成句子：

1. ……而已

   我一个穷学生的力量太微薄了，杯水车薪而已。

   （1）小王还只是一个高中生，不能胜任这么复杂而又繁重的工作。

   （2）我只是帮了你一个小忙，你就不要那么客气啦！

   （3）当老师的工资不太高……

   （4）A：听说你才来中国两年，就已经成了一个"中国通"了。真让人羡慕！

   B：……

   （5）A：你觉得昨天晚上的时装发布会怎么样？

   B：……

2. ……得可怜

　　他们平时就住在学校里，跟外界接触的机会少得可怜。

（1）这个城市地处沙漠边缘，一年四季雨水很少，不利于植物的生长。

（2）他们家在边远地区，经济不发达，家境非常穷困，靠别人的捐助才能上学。

（3）你看这只小猫，出生才10天……

（4）A：刚才电视新闻里的那个孩子，都瘦得皮包骨头了。

　　　B：……

（5）A：你看这张照片，天气这么冷，还下着大雪，这个人怎么才穿这么点儿呀？

　　　B：……

3. ……透了

　　唉，简直惨透了！

（1）为了办这个手续，我已经楼上楼下跑了几个来回了，真是麻烦！

（2）我的朋友得了重病，躺在床上不能动，连吃饭喝水都得别人喂，好可怜呀！

（3）那些随便砍树、破坏环境的人……

（4）A：你今天怎么搞的？情绪那么低落，连话都懒得说。

　　　B：……

（5）A：你为什么不喜欢小刘了？你们俩原来不是朋友吗？

　　　B：……

4. 可想而知

　　……，炒的时候又因为不能及时找到调料，那味道就可想而知了。

（1）他从来没有做过菜，今天是第一次，水平不用说大家也能猜出来。

（2）从一米宽的桥上走过去我都害怕，在平衡木上表演的难度就更不用说了。

（3）这次考试前我正好感冒了，难受得要命……

（4）这块石头连他这样身强力壮的人都搬不动……

（5）A：老马真是个善良的人，对一只流浪猫都那么在意，照顾得那么细心。

　　　B：……

5. 想也 / 都别想

要不是一路上不停地有人帮助他，完成这个任务想也别想。

（1）要不是那么多朋友关心、帮助他，这次他不可能渡过这个难关。

（2）毕竟只有极少数人能坐着航天飞机到太空去旅行，大部分人是不会有这个机会的。

（3）要想成功，必须努力……

（4）A：你这么快就恢复健康了，真让人高兴！

　　　B：……

（5）A：你说我一个人能把这架钢琴搬到楼下去吗？

　　　B：……

6. 难以……

残疾人碰到的困难是我们正常人难以想象的。

（1）童年的往事，家乡的一草一木，至今都深深地印在我的脑海里，一直没有忘记。

（2）她这个人情绪变化无常，一会儿高兴一会儿低落，让人捉摸不透。

（3）这个问题过于复杂……

（4）A：你知道在中国的年轻人中有多少公益事业的志愿者吗？

　　　B：……

（5）A：她已经连续十五次获得乒乓球比赛的世界冠军了。

　　　B：……

（四）任务与活动

一 讨论题：

1. 你最愿意参加的社会公益活动是什么？为什么？
2. 你认为大学生、中学生有没有必要参加社会公益活动？
3. 你身边有没有特别需要帮助的人？他们现在的情况怎么样？
4. 你们国家是如何帮助社会中的弱势群体的？

二 就下列问题进行调查并作汇报：

1. 调查一下周围的朋友，请他们说说自己都参加过哪些社会公益活动。（捐款、资助、义工、志愿者等）

项目 姓名	捐款	资助	义工	志愿者	其他

2. 调查几个人，请他们谈谈对于献血、捐献骨髓、捐献眼角膜、捐献器官、捐献遗体的看法，将他们的观点记录在表格中，在小组讨论时总结一下。

被调查者基本情况（国籍、性别、年龄、职业等）	对献血的看法	对捐献骨髓的看法	对去世后捐献眼角膜的看法	对去世后捐献其他器官的看法	对去世后捐献遗体的看法

三 辩论题：

甲方：靠政府可以完全解决弱势群体的一切问题
乙方：靠政府不能完全解决弱势群体的一切问题

第九课　有什么别有病

热身话题

1. 你觉得什么是"现代文明病""生活方式病"？
2. 对你来说，生活中还有比健康更重要的东西吗？
3. 什么是真正的健康？你觉得自己是个完全健康的人吗？

本课人物：林雪的同事大陈和大陈的妻子杨芬、秦大夫（女，医学专家）。

场　　景：大陈陪着妻子杨芬去医院，就健康情况咨询医生。

杨　芬：　秦大夫，这是我最近的体检报告，请您看一下。

秦大夫：　（仔细看后）从这些结果来看，除了血压偏高以外，其他方面基本上都在正常范围。您有哪些健康问题，可以谈得更具体一点儿吗？

杨　芬：　我最近总觉得没精神，容易疲劳，熬夜后很难恢复，睡眠质量也不如以前好，记性也差了，一紧张还时不时地头疼。我先生担心我的身体有什么大问题，可现在检查结果又看不出毛病，医生也只是建议我吃清淡的食物，加强运动，控制体重，并没有开什么药。您说这到底是怎么回事呢？

秦大夫：　我先问您一个问题，您最近工作和生活情况怎么样？

杨　芬：　不瞒您说，最近还真把我忙得够呛。我们饭店新签了一份大单，我是项目总管，时间紧，任务重，担子真是不轻。

大　陈：　大夫，我再跟您唠叨几句。她这个人哪，可以说是个"工作狂"，干起活儿来就像个"拼命三郎"。不仅如此，她还是个完美主义者，不干则已，一干就得追求高标准。您说这能不累得慌吗？

秦大夫：　听你们俩这么一说，我就更明白了，跟我分析的八九不离十。杨女士的情况是比较典型的"亚健康"状态。

大　陈：　这词儿我倒是听说过。秦大夫，您能给我们具体解释一下吗？

秦大夫：　所谓"亚健康"，是介于健康和疾病之间的一种身体状态。处于这种状态的人，身体虽然没有什么明显的疾病，但生理功能减退，代谢水平下降，主要表现就是像刚才杨女士说的那样，疲乏、头疼、失眠、健忘等，医学上也称之为"第三状态"。

杨　芬：　这种情况主要是什么原因引起的呢？

秦大夫：　这是一种现代文明病，跟现代人生活压力大、精神紧张、工作节奏快、长时间使用电脑、缺乏运动有关。另外，不良的生活习惯，像抽烟、酗酒、膳食不平衡什么的，也是引起"亚健康"的原因。还有，由于竞争激烈而造成的心理失衡也是祸根之一。反正原因是综合性的。

大　陈：　大夫，我觉得您说的这些原因我太太占了一半。工作忙，压力大，应酬多，早出晚归，晚上和周末加班是家常便饭，生活一点儿规律都没有。平时我提醒她，她也当成耳边风，靠吃老本硬撑着。天长日久的，恶果就显示出来了。

杨　芬：　唉，我也是"人在江湖，身不由己"嘛。

秦大夫：　杨女士这种情况现在是屡见不鲜的。不是有一种说法吗，叫"25小时生活方式"，说的就是现代人的工作和生活在零点以后依然在延续，完全打破了原来"朝九晚五"的规律，形成一种"全天候"的工作和生活模式。在这种情况下，熬夜成了家常便饭，还有不少人因为交际和娱乐加入了过"夜生活"的行列。

杨　芬：　这说的不就是我吗？手机24小时开着，经常在半夜接听国外打来的工作电话，零点以后还在陪客户吃宵夜，日程表永远是排得满满当当的。

秦大夫：唉！这真是一个不眠的商业化社会啊！不过作为医生，我得特别严肃地提醒你，尽量不要透支生命。一定要懂得张驰有道，过有规律的生活。你想想，多少年来，咱们的祖先根据太阳东升西落的自然规律，选择了"日出而作，日落而息"的生活方式，这是符合自然之道的，也符合我们人体的生理特征。祖先们早就适应了这种生活，并且把这种基因遗传给了咱们。如果现在非得反其道而行之，必然会对健康产生不利的影响。我可不是吓唬你，要是一直这样下去，过不了多久，各种毛病就会找上门来了。什么"三高"、肥胖、脂肪肝、颈椎病、神经衰弱等等，包括心脑血管病和有些肿瘤，其实都是生活方式病。你现在血压偏高，就是身体给你的一个警告，一定要引起足够的重视。俗话说，"有什么别有病，没什么别没钱"，我觉得实际上前一句话更重要。现在有很多人都是"40岁之前用命换钱，40岁之后再用钱买命"，你可别加入这个行列，到时候可没有买后悔药的地方。

大　陈：秦大夫的话真是语重心长。自从有了专职司机后，我太太运动就更少了，买了一台跑步机，也是摆摆样子，保健品也跟上来了，可身体状况还是大不如前。秦大夫，那您说她现在这种情况，需要吃什么药吗？

秦大夫：我给你们开一副灵丹妙药，就是十六个字，叫作"均衡饮食，适量运动，戒烟限酒，心理健康"。饮食不是越高级、越精致越好，而是要讲究营养均衡。运动也不是越时髦、越剧烈越好，而是要选择适合自己的运动量和运动方式。"戒烟限酒"就不用说了；但对"心理健康"一定要特别重视。你想啊，一个人的心情如果总是开朗平和，神清气爽，身体一定会格外有活力，做事也一定是高效率的。这就是现在倡导的健康新概念，只要照章办理，比吃什么药都管用，你就可以少受或不受"亚健康"之苦了。健康的身心也是成功的标志之一嘛！有个比喻非常贴切：健康是1，其他的是0。有了健康，才谈得上其他；失去了健康，那就什么都没有啦。

杨　芬：这十六个字总结得太精辟了，简直可以说是金玉良言，对我们全家人的健康都有指导意义。今天真是没有白来，谢谢您，秦大夫！

秦大夫：千万记住啊，求医不如求己。健康的金钥匙就在自己的手里，一定要把握好哦！

词　语

1	咨询	zīxún	（动）	询问，征求意见：~医生｜向律师~｜~处。
2	体检	tǐjiǎn	（动）	体格检查：做~｜年年~。
3	记性	jìxing	（名）	记忆力：~差｜有~｜长~。
4	够呛	gòuqiàng	（形）	形容情况非常严重，令人难以承受：真~｜累得~｜气得~。
5	总管	zǒngguǎn	（名）	全面管理事务的人。
6	担子	dànzi	（名）	比喻担负的责任。
7	介（于）	jiè(yú)	（动）	在两者之间
8	减退	jiǎntuì	（动）	下降，减弱：能力~｜视力~。
9	疲乏	pífá	（形）	因体力或脑力消耗过多而需要休息：感到~｜~的样子。
10	健忘	jiànwàng	（形）	记忆力差，容易忘事：~症｜越来越~。
11	不良	bùliáng	（形）	不好的：~嗜好｜~习惯｜~少年｜消化~。
12	酗酒	xùjiǔ	（动）	无节制地饮酒。
13	膳食	shànshí	（名）	每天吃的饭菜。
14	失衡	shīhéng	（动）	失去平衡：营养~｜比例~｜心理~。
15	祸根	huògēn	（名）	出现灾祸的根源。
16	应酬	yìngchou	（名）	泛指交际活动：参加~｜喜欢~。
17	硬撑	yìngchēng	（动）	勉强地支撑：有病不要~｜~着干活。
18	天长日久	tiān cháng rì jiǔ		时间长，日子久。
19	恶果	èguǒ	（名）	坏结果：产生~｜避免出现~。

20	屡见不鲜	lǚ jiàn bù xiān		经常看见，并不新奇。
21	延续	yánxù	（动）	持续下去：~时间｜~生命。
22	全天候	quántiānhòu	（形）	每天工作满24小时的：~飞机｜~开放｜~提供服务。
23	熬夜	áo yè		整夜或深夜不睡觉：~看球赛｜~损害健康。
24	宵夜	xiāoyè	（名）	供夜里吃的酒食、点心等。
25	满满当当	mǎnmǎndāngdāng	（形）	形容非常满。
26	透支	tòuzhī	（动）	提取超过存款金额的钱，比喻精神、体力消耗过度，超出正常人的承受能力：银行卡~｜~消费｜体力~。
27	张驰有道	zhāngchíyǒudào		张，绷紧；驰：放松。合理安排生活和工作，该紧张时紧张，该放松时放松。
28	基因	jīyīn	（名）	生物体携带和传递遗传信息的基本单位。gene：父母的~。
29	遗传	yíchuán	（动）	生物体的构造及生理机能等依靠基因传给下一代：~给孩子｜~疾病。
30	吓唬	xiàhu	（动）	使害怕：~人｜~动物。
31	语重心长	yǔ zhòng xīn cháng		指言语恳切而有分量，情深意长。
32	灵丹妙药	líng dān miào yào		号称能治百病的神奇丹药。比喻能解决问题的好办法。
33	均衡	jūnhéng	（形）	均匀平衡：~的营养｜~发展｜保持~。
34	开朗	kāilǎng	（形）	乐观，爽快，不低沉：性格~｜~的笑声｜~的胸怀。
35	平和	pínghé	（形）	温和：语气~｜为人~｜~的心态。
36	神清气爽	shén qīng qì shuǎng		形容神志清爽，心情舒畅。
37	倡导	chàngdǎo	（动）	提倡：~改革｜~健康生活｜~绿色出行。
38	精辟	jīngpì	（形）	深刻，透彻：观点~｜~地分析。
39	金玉良言	jīn yù liáng yán		像黄金、美玉一样珍贵的话。形容极其宝贵的教导或告诫。

注 释

1. 工作狂

    对工作的热情超出了正常的程度。

2. 拼命三郎

    古典小说《水浒传》中的一个人物石秀的绰号。后用来称呼性格豪爽且有些鲁莽，干起事情来一往无前、不顾一切的人。

3. 八九不离十

    指非常接近实际情况。

4. 代谢水平

    指身体内部新陈代谢的情况。

5. 耳边风

    从耳旁吹过的风。比喻听过以后不放在心上的话。

6. 吃老本

    原指消耗本金。课文中指只是依靠原有的健康基础，不再为健康而付出努力。

7. 人在江湖，身不由己

    意思是人处在某种客观环境中，自己的行动不能由自己做主。

8. 朝九晚五

    早上九点上班，下午五点下班。

9. 日出而作，日落而息

    太阳出来就活动，太阳下去就休息。

10. 反其道而行之

    使用跟对方相反的办法办事。

11. 三高、脂肪肝、颈椎病、神经衰弱、心脑血管病、肿瘤

    几种常见疾病的名称。三高，即血压高、血脂（blood fat）高、血糖（blood sugar）高；脂肪肝，即 fatty liver disease；颈椎病，即 cervical spondylosis；神经衰弱，即 neurasthenia；心脑血管病，即 cardio-cerebrovascular disease；肿瘤，即 tumor。

12. 买后悔药

    比喻对自己做过的事非常后悔。

13. 金钥匙

童话故事中能打开宝库大门的钥匙，比喻极其有效的方法或手段。

练 习

（一）课文部分

一 用正确的语调朗读下列句子：

1. 您有哪些健康问题，可以谈得更具体一点儿吗？
2. 您说这到底是怎么回事呢？
3. 不瞒您说，最近还真把我忙得够呛。
4. 她这个人哪，可以说是个"工作狂"，干起活儿来就像个"拼命三郎"。不仅如此，她还是个完美主义者，不干则已，一干就得追求高标准。您说这能不累得慌吗？
5. 这词儿我倒是听说过。秦大夫，您能给我们具体解释一下吗？
6. 唉，我也是"人在江湖，身不由己"嘛。
7. 你可别加入这个行列，到时候可没有买后悔药的地方。
8. 千万记住啊，求医不如求己。健康的金钥匙就在自己的手里，一定要把握好哦！

二 说出下列各句画线部分的含义：

1. 我是项目总管，时间紧，任务重，担子真是不轻。
2. 她这个人哪，可以说是个"工作狂"，干起活儿来就像个"拼命三郎"。不仅如此，她还是个完美主义者，不干则已，一干就得追求高标准。您说这能不累得慌吗？
3. 由于竞争激烈而造成的心理失衡也是祸根之一。
4. 平时我提醒她，她也当成耳边风，靠吃老本硬撑着。
5. 杨女士这种情况现在是屡见不鲜的。
6. 尽量不要透支生命。一定要懂得张驰有道，过有规律的生活。
7. 如果现在非得反其道而行之，必然会对健康产生不利的影响。
8. 这十六个字总结得太精辟了，简直可以说是金玉良言。

三 根据课文内容回答下列问题：（请使用提示词语）

1. 杨芬在健康方面出现了什么问题？

   （体检　血压　总觉得……，容易……，熬夜　睡眠　记性……，一紧张……）

2. 杨芬最近在忙什么?她这个人工作起来有什么特点?
   (够呛 签 总管 担子 可以说……，不仅如此……，……则已，一……就…… ……得慌)

3. 什么是"亚健康"?是怎么引起的?
   (介于…… 处于……，身体……，但……，主要表现…… 称之为…… 跟……有关 另外…… 还有…… 反正……)

4. 秦大夫认为现代人的生活与过去比有什么变化?
   (新潮 延续 打破 形成 凌晨 加入……行列)

5. 大陈认为，繁忙的工作和不规律的生活是引起杨芬亚健康的原因。他是怎么说的?
   (……忙，……大，……多 ……是家常便饭，……都没有 恶果)

6. 秦大夫为什么说违反"日出而作，日落而息"的生活方式会对健康产生不利影响?
   (根据…… 选择了…… 适应了……，并且…… 如果……，必然…… ……找上门来)

7. 秦大夫给杨芬开了什么灵丹妙药?
   (饮食不是……，而是…… 运动也不是……，而是…… ……就不用说了 但…… 格外 高效率)

（二）词语部分

一 标出下列词语的读音，然后在句中填入适当的词语：

天长日久 屡见不鲜 满满当当 语重心长
灵丹妙药 开朗平和 神清气爽 金玉良言

1. 那时候老师常说，给自己制定目标是最要紧的事。现在想来，老师的话（　　　　），真应该早点重视起来。
2. 把汽车停放在露天，（　　　　　　）的，颜色就黯淡了，各种部件也容易老化。

第九课　有什么别有病　9

3. 你今天看起来（　　　　　）的，是不是早上有喜鹊在你家门口叫啊？
4. 出国留学一年，要带的东西真不老少，一会儿工夫箱子就装得（　　　　　）的了。
5. 有位105岁的老爷爷在电视里说，保持心态的（　　　　　）是他最重要的长寿秘诀之一。
6. 在世界杯比赛期间，酒后驾车的情况（　　　　　），警察加大了查处的力度。
7. 均衡饮食，适量运动，戒烟限酒，心理健康。这就是我送给你的保持健康的（　　　　　）。
8. 要学好一门语言其实没有什么（　　　　　），只有靠自己平时主动练习。

二　从所给的答案中选择一个，完成句子：

1. 他（在绿茵场上奔跑拼抢／在学校的教室认真听课），完全是一副拼命三郎的摸样。
2. 大家都说她是个完美主义者，（每天都要穿着漂亮的衣服出门／无论什么事都要求自己做到最好）。
3. 我看他们俩结婚这件事八九不离十，（应该没有什么问题了／还说不太准）。
4. 学生要是把老师的话都当作耳边风，那就肯定（可以得到好成绩／不能得到好成绩）。
5. 他（一无所长，失业在家／大学毕业，已经找到了工作），只好靠吃老本维持生活。
6. 自从当上了饭店的总经理，她（的工资增加了不少／天天忙到很晚），真所谓"人在江湖，身不由己"啊！
7. 医生让他戒掉烟酒，少吃红肉，但是他却反其道而行之，你说他的身体（能不出问题／能不越来越结实）吗？
8. 自然规律不可抗拒。一过五十岁，（很多大大小小的毛病／很多亲朋好友）就找上门来了。
9. 我们在做重大决定之前，一定要反复思考利弊得失，否则一旦（如愿以偿／出现意料之外的情况），可没有买后悔药的地方。
10. 孙老板买了一架钢琴放在家里，但其实他们全家都对钢琴（一窍不通／很感兴趣），只是摆摆样子而已。

三　用画线词语简单回答下列问题：

1. 关于这种新保健品的成分和功能我应该向谁咨询呢？
2. 请问在中国菜中哪个地方的菜是口味比较清淡的呢？
3. 怎么样？今天完成这篇论文可能够呛吧？
4. 以前很烦妈妈的唠叨，但现在离开了，忽然很想念妈妈的唠叨。你有这种感觉吗？
5. 请问大夫，平时应该怎么注意饮食才能使身体需要的营养不至于失衡呢？
6. 你觉得做人如果不讲诚信，会有什么恶果呢？

115

7. 你别吓唬人啊，抽烟喝酒有这么严重的后果吗？
8. 我看你脸色不太好，肯定是硬撑着连续加班的结果，你要不要去休息一下啊？

（三）句式部分

用给出的词语改说或完成句子：

1. 时不时地……

    我最近总觉得没精神，容易疲劳，熬夜后很难恢复，睡眠质量也不如以前好，记性也差了，一紧张还时不时地头疼。

   （1）爸爸妈妈经常来电话提醒我，在国外留学，不仅要努力学习，还得多注意身体。

   （2）六月份是这个地区的黄梅季节，几乎每天都在下雨，很少见到太阳。

   （3）我学习的时候有一个习惯……

   （4）A：你感冒的时候一般都有什么症状？

      B：……

   （5）A：如果你有女朋友，你会怎样对她表达爱情？

      B：……

2. ……得够呛（……真够呛）

    不瞒您说，最近还真把我忙得够呛。

   （1）我昨天骑车时摔了一跤，把膝盖和胳膊肘全蹭破了，现在还很疼呢。

   （2）这台电视机质量不好，图像不清楚不说，声音也很难听，我买亏了。

   （3）昨天晚上看的那部电影……

   （4）A：这次回老家感觉怎么样？

      B：……

   （5）A：最近你们公司经营情况好吗？

      B：……

3. ……，不仅如此……

　　她这个人哪，可以说是个"工作狂"，干起活儿来就像个"拼命三郎"。不仅如此，她还是个完美主义者，不干则已，一干就得追求高标准。

（1）游泳教练教我们标准的姿势，而且还下水给我们做示范。

（2）在我最困难的时候，他给了我物质上的帮助，也给了我精神上的鼓励。

（3）音乐能让人得到美的享受……

（4）A：医生说经常喝甜的饮料对身体没有好处。

　　　 B：……

（5）A：对孔子这个历史人物你了解多少？

　　　 B：……

4. 不……则已，一……就得（要）……

　　她还是个完美主义者，不干则已，一干就得追求高标准。

（1）我这个人做事有个特点：要不就不做，要做就一定要做好。

（2）老刘这个酒鬼，不喝就算了，每次喝起来就没完，非得喝得酩酊大醉才罢休。

（3）小云是个电影迷……

（4）A：如果我把这个任务交给你，你能保证一定成功吗？

　　　 B：……

（5）A：你们老师经常批评你们吗？

　　　 B：……

5. ……得慌

　　您说这能不累得慌吗？

（1）老刘最近休假，在家里闲着没事，去图书馆借了好多小说来看。

（2）今天的西红柿馅饺子太好吃了，我一下子吃了三十个，现在都快撑死了。

（3）每到考试之前……

（4）A：你怎么啦？脸色煞白，哪儿不舒服呀？

　　　 B：……

（5）A：我发现小李这个人性格很内向，不喜欢见生人。

　　　 B：……

6. （饱／忍／大）受（尽）……之苦

　　你就可以少受或不受"亚健康"之苦了。

（1）这次去海南岛，我天天被太阳暴晒，虽然抹了防晒霜，回来还是掉了一层皮。

（2）经过艰苦的努力，我终于找到了理想的工作，不用再过穷困的日子了。

（3）在准备考试的那段日子里……

（4）A：在封建社会，妇女的命运是最悲惨的。

　　　B：……

（5）A：你怎么突然下决心戒烟了？是不是尝到吸烟的苦头了？

　　　B：……

（四）任务与活动

一 讨论题：

1. 现在影响人们健康的最大的因素是什么？可以加以改变吗？
2. 人们过去常得的病和现在常得的病有什么不同？为什么会这样？
3. 说说你或你的家人、朋友保持健康的经验。

二 就下列问题进行调查并作汇报：

1. 调查一些不同年龄的人，了解他们在健康方面最大的问题分别是什么。
2. 搜集一些汉语中与养生相关的俗语并介绍给大家。
3. 完成下面的表格，在全班交流。

疾病名称	主要症状	主要病因	预防措施
感冒（上呼吸道感染）			
颈椎病			
肠胃炎			
痤疮			
便秘			
头疼			
失眠			

三 辩论题：

1. 甲方：健康比金钱重要
   乙方：金钱比健康重要
2. 甲方：吃保健品对健康有好处
   乙方：吃保健品对健康没有用处

口语知识（三）

普通话的轻声词和儿化词

一、轻声词

大部分轻声词或是有区别意义的作用，或是与语法意义有关，或是约定俗成的习惯，不读轻声就会影响语言表达。具体可归纳为以下几类：

（一）有区别词性或词义作用的。如：

> 买卖：动词。
> 买卖：名词，指生意。
>
> 铺盖：动词。
> 铺盖：名词，指被褥。
>
> 冷战：名词，指不使用武器的战争。
> 冷战：名词，指因冷而发抖。
>
> 大意：名词，指主要内容。
> 大意：形容词，指疏忽、粗心。
>
> 花费：动词。
> 花费：名词，指花的钱。
>
> 地道：名词。
> 地道：形容词，指真正的、纯粹的。
>
> 东西：名词，指方向。
> 东西：名词，指物件。
>
> 对头：形容词，正确。
> 对头：名词，指冤家。

（二）带有某些后缀的名词和其他词。这些后缀主要有"头、巴、么、子、乎、溜、们、家"等，在词中要读轻声。如：

> ~头：石头　舌头　奔头　盼头　甜头　苦头
> ~巴：泥巴　嘴巴　哑巴　干巴　硬巴　结巴
> ~么：要么　这么　那么　怎么　什么　多么
> ~子：桌子　剪子　胖子　村子　绸子　竹子
> ~乎：热乎　胖乎　晕乎　在乎　全乎　玄乎
> ~溜：光溜　滑溜　细溜　直溜　顺溜
> ~们：我们　你们　咱们
> ~家：姑娘家　小孩子家

120

（三）某些重叠形式的名词第二音节要读轻声，重叠部分以及夹在中间的"一""不"都要读轻声。如：

> 爸爸 妈妈 叔叔 姐姐 弟弟 奶奶 星星 狒狒 猩猩
> 馍馍 框框 条条 看看 说说 想想 讨论讨论 学习学习
> 听一听 走一走 说不说 好不好 多不多

（四）同语法意义有关系的某些成分要读轻声。

1. 趋向动词"来、去、上、下、起、过、回、出、进"等。如：

> 站起来 说下去 搬过来 说出去 抱起 找回来 拐进去
> 冲上去 穿上 坐下 走来 提起 看出

2. 表结构、时态、语气的助词。如：

> 吃的 我的 慢慢地 痛苦地 走得快 干得透 为了 除了
> 觉着 想着 演过 写过 走吧 冷吗 他呢 说呀 来啦
> 像花似的 下雨来着

3. 某些方位词或词素，主要是"里、边、面、头、上、下"等。如：

> 这里 屋里 前边 后边 里面 外面 前头 后头 桌上
> 墙上 地下 底下

（五）一部分双音节合成词，后一个词素相同，有些读轻声，有些不读轻声。一般来说，读轻声的词素有虚化的趋势，不读轻声的意义比较实在。如：

> 老实 结实 厚实 壮实 踏实 欢实 严实 扎实 匀实（读轻声）
> 诚实 证实 落实 果实 真实 充实 翔实（不读轻声）
> 闺女 侄女 孙女（读轻声）
> 子女 妇女 处女 舞女 歌女 修女（不读轻声）

121

> 东家　行家　亲家　娘家　婆家　管家　公家　人家（代词）
> 李家　孙家（读轻声）
> 专家　作家　音乐家　思想家（不读轻声）
> 客气　贫气　土气　义气　运气　福气　和气　娇气　脾气　志气
> （读轻声）
> 空气　煤气　氧气　蒸气　毒气（不读轻声）
> 好处　坏处　错处　苦处　难处　用处　害处　远处　近处（读轻声）
> 卫生处　财务处　办公处（不读轻声）

还有些合成词也是习惯上读轻声的。如：

> 眯缝　扒拉　斜楞　将就　磨蹭　絮叨　刺猬　狐狸　蘑菇
> 棉花　豆腐　钥匙　笤帚　耳朵　指甲

（六）一些双音节单纯词，包括动词、名词、形容词等，第二音节要读轻声。这类词不读轻声听起来别扭，对语言表达有一定影响。如：

> 耷拉　叨咕　哆嗦　叨唠　骨碌　呼扇　扑棱　趿拉　唧咕
> 溜达　麻利　马虎　啰唆　胡涂　窝囊　蹊跷　疙瘩　窟窿
> 喇叭　葫芦　骆驼　琵琶　枇杷　鸳鸯　萝卜　和尚　趔趄
> 玻璃　琉璃　葡萄　茉莉　牡丹　篱笆

二、儿化词

儿化词大致有以下几种类型：

（一）可以用相应的带后缀"子"的轻声词代替而词义不变者。如：

> 辫儿——辫子　桌儿——桌子　哨儿——哨子　珠儿——珠子
> 饺儿——饺子　院儿——院子　虫儿——虫子　笛儿——笛子
> 带儿——带子　瓶儿——瓶子　村儿——村子　豆儿——豆子

（二）有些单音节动词既可以儿化成名词，又可以加后缀"子"变成名词，并且儿化名词和"子"缀名词词义相同。如：

盖：盖儿　盖子　　兜：兜儿　兜子　　刷：刷儿　刷子
锤：锤儿　锤子　　架：架儿　架子　　钉：钉儿　钉子
罩：罩儿　罩子　　摊：摊儿　摊子　　铲：铲儿　铲子
托：托儿　托子　　扣：扣儿　扣子　　塞：塞儿　塞子

（三）没有区别意义作用，儿化与否不影响意思表达的。如：

半截儿　半路儿　背阴儿　合身儿　清早儿　上班儿　评分儿
名片儿　盆景儿　山坡儿　书桌儿　松鼠儿　饭碗儿　挎包儿
开窍儿　小米儿　眼镜儿　胸脯儿　偏旁儿　树阴儿　窗口儿
尺码儿　花纹儿　电影儿　脚印儿　手稿儿

其中很多是可以类推的。如：

纹：花纹儿　条纹儿　斜纹儿　皱纹儿　布纹儿
码：号码儿　页码儿　密码儿　筹码儿
桌：课桌儿　饭桌儿　方桌儿　圆桌儿　八仙桌儿　麻将桌儿
座：茶座儿　上座儿　雅座儿　叫座儿　灯座儿
单：名单儿　书单儿　床单儿　被单儿　褥单儿
班：上班儿　下班儿　白班儿　夜班儿　加班儿　倒班儿
　　换班儿　交班儿　接班儿　轮班儿

（四）有区别词性作用的儿化词

1. 有些动词儿化后成为名词或与其他词素构成名词。如：

说：小说儿　　贴：锅贴儿　　偷：小偷儿
冻：肉冻儿　　抄：小抄儿　　跟：后跟儿
耍：杂耍儿　　活：活儿　　　画：画儿

123

笑话：笑话儿	讲究：讲究儿	垂：耳垂儿
零花：零花儿	搬不倒：搬不倒儿	

2. 有些形容词儿化后成为名词或与其他词素构成名词。如：

远：远儿（绕远儿）	弯：弯儿（拐弯儿）
准：准儿（瞄准儿）	黄：黄儿（蛋黄儿）
尖：尖儿（笔尖儿）	短：短儿（护短儿）
近：近儿（抄近儿）	干：干儿（豆腐干儿）
热闹：热闹儿	阴凉：阴凉儿　闷：解闷儿
粗：老粗儿（没文化的人）	破烂：破烂儿

（五）有区别词义作用的儿化词。不读儿化会影响意思的表达。如：

{ 金星：星球。　　　{ 白面：面粉。　　　{ 词：语言学术语。
{ 金星儿：小亮点儿。 { 白面儿：毒品。　　 { 词儿：泛指话语。

{ 一点：时刻。　　　{ 老人：老年人。　　 { 仁：仁爱。
{ 一点儿：很少。　　{ 老人儿：旧人。　　 { 仁儿：可食的果核。

（六）一些名词儿化后表小或表感情色彩。这类词可以类推，是儿化词的主要部分。

1. 儿化后表小。不读儿化不会严重影响意思表达，但不符合语言习惯，听起来不舒服。如：

菜刀——水果刀儿	书包——钱包儿	地球——玻璃球儿
钢板——竹板儿	水缸——烟灰缸儿	铁棍子——冰棍儿

2. 有些儿化词表亲切的感情色彩，而相应的带后缀"子"的轻声词则为中性或有贬义。如：

> 老头子——老头儿　　绕弯子——绕弯儿　　钻空子——抽空儿
> 小孩子——小孩儿　　头子——头儿　　　　眼皮子——双眼皮儿
> 脸子——笑脸儿　　　脸蛋子——脸蛋儿　　兔崽子——狗崽儿

（七）根据语言习惯要读儿化的词。不读儿化会一定程度地影响表达。主要有：

1. 当"子"在词中不作后缀而表示实在意思时，有些可以儿化，表示小而硬的颗粒状物体或种子之类。如：

> 瓜子儿　松子儿　棋子儿　葵花子儿　算盘子儿　石头子儿
> 败家子儿

2. 当"了"作"了结""终了"讲时，有的可以儿化。如：

> 临了儿　末了儿　到了儿

3. 一些儿化词纯属习惯读法。如：

> 桑葚儿　杏核儿（húr）　骨朵儿　台阶儿　手绢儿　玩艺儿
> 人像儿

4. 还有一些是儿化韵在中间音节的儿化词，一般有较浓的地方色彩。如：

> 兔儿爷　巴儿狗　片儿汤　份儿饭　鸭儿梨　刺儿头　姐儿们
> 爷儿们　小人儿书　玩儿命

（本文选自钱学烈《试论普通话的轻声词和儿化词》，有删改）

第十课　出国留学就那么好吗

> 热身话题

1. 你能举出几个留学热门国家吗？
2. 一般来说，留学的热门专业有哪些？
3. 为留学设立的权威考试有哪些？

本课人物：林志强、铃木雅子、张华胜、刘玉玲。

场　　景：张华胜、刘玉玲与林志强、铃木雅子约好在一家饭馆见面。饭馆人气很旺，需要拿号等候。

铃　木：　华胜说得没错，这家饭馆火得厉害啊！前面还有二十几个号，得等一个小时吧？

华　胜：　没办法，他们不接受预定，只能在现场按先来后到排队叫号。不过别看等的时间长，里面环境和味道还是挺值的。老话说得好，要想知道梨子的滋味，就得亲口尝一尝，你们得亲自来才知道我所言不虚。要是不熟的朋友，我也不敢叫他们来，排不起队啊！咱们都是自己人，好说。

志　强：　有华胜这个美食家在身边，就能遍尝天下美味啊。其实我也挺喜欢

第十课　出国留学就那么好吗

这种氛围的，排队不误说话，多热闹啊！哎，玉玲，你不是跟我同屋一起上GRE课吗？今天怎么舍得花时间出来吃饭？

玉　玲： 华胜说我前一阵子弄托福，这一阵子弄GRE，学得有点儿苦，今天说什么也要拉我出来放松一下。

华　胜： 她外语本来就不错，哪里需要花那么大精力啊？说心里话，我真不想让玉玲走。工作干得很舒心，生活过得挺滋润，但她说，不出去闯闯不甘心。为了圆她的梦，我也只好支持她。唉，现在大家都要出国留学，我表弟也刚考了雅思，说是想争取学校的联合培养项目。唉，出国留学就那么好吗？

铃　木： 留学的好处还是很多的啊。首先，留学是学习语言的最佳途径。沉浸在目的语环境中，既能学习地道的语言，又能体验异域文化。留学过程中不仅能够了解不同地区在语言、食物、服饰、个人习惯等方面的文化差异，更重要的是能够了解这些文化差异是如何影响人们的世界观、价值观以及个人信仰的。还有，我认为留学生活能够开阔个人视野、真实体验多元文化、锻炼独立思考的能力、培养坦然面对胜利和失败的心态。对我来说，留学的另一个收获是结识了很多不同国家的朋友，到哪儿都有免费导游了。

华　胜： 倒也是啊。你还在中国找到了真爱，把志强这个帅哥收入囊中，收获真是不小啊！说到旅游，我倒是发现出国留学可以有更多的旅行机会。我也出去玩儿过，不过因为外语不太好，大部分时间都是跟团走，走马观花。我特别后悔没有好好儿学外语，你看林姐和姐夫外语顶呱呱，交往的朋友来自全世界，真可谓朋友遍天下，我真是羡慕啊！这也是我为什么还是支持玉玲出去的主要原因。

玉　玲： 我爸四十多岁才开始学西班牙语，现在也能在网上跟语伴聊天了。（对华胜）你好歹还是年轻人，应该下点儿功夫努努力啊。其实我想留学也是出于实际考虑。我本科学外语，在旅行社干的这几年，差不多把全国都跑遍了，工作还是很愉快的。收入呢，比上不足、比下有余吧。按理说应该比较满足，可是跑来跑去也让我悟到一些东西。你们知道在旅行社当导游是吃青春饭的，总有跑不动的一天，再说我是个热爱家庭的人，而旅行社的工作又必须在外面跑，所以我得重新思考自己的人生规划。在中国，跨专业报考研究生一般还是有难度的，而去国外读硕士就比较灵活，不需要学术考试，转专业也比较方便。我的好几个外语专业的同学都出去学会计、传媒甚至IT专业。我申请的专业都是教育学方面的，我希望将来能从事跟教育有关的工作。

志 强： 国外一些大学专业选择确实多样化，开设的专业也非常广泛。还有一个问题是，国内一些专业的文凭有些国家不承认，典型的例子就是临床医学和法律专业。如果你想在国外就业，你只有拿国外的学位才行。

铃 木： 也有很多人出国留学是为了改变现状。我们刚好就出国留学这个问题做过调查。一些人在国内拥有稳定的工作，收入颇丰，但是鉴于企业中的竞争压力，如果想保持持久的竞争力，就需要不断地充电和学习；一些人已经有了比较高的职位，很难再向上突破了，就另辟蹊径选择出国深造；还有一些人对自己目前的工作不满意，希望通过留学获得一个海外学位，回国后转到自己理想的地方去发展。

华 胜： 你们调查得真全面啊！其实出国读研还有学制的原因。一般中国的大学标准读书时间是本科4年，硕士两到三年，但在很多英联邦国家，本科3年，硕士1年，4年就拿硕士学位了，大大缩短了学习时间，也降低了留学成本。我跟玉玲说了多少遍，可她还是坚持自己的想法。有钱就是任性啊。

玉 玲： 我哪里有钱啊？每个人看问题都有不同的角度。我相当于学习一个新专业，时间长点儿也理所当然。怎么学得更扎实一些，这才是我最关注的呢。

志 强： 不过教育学不大好申请奖学金，两年下来学费、生活费什么的，可不是个小数字啊。

玉 玲： 经费倒不是大问题。我自己多少有点儿积蓄，华胜帮我理财也赚了一笔，爸妈也说会资助一点儿，当然我能不花他们的就不花他们的。我也可以打打工挣点儿零花钱什么的。

华　胜：钱好说。钱就是用来花的，教育也是投资嘛。不够还有我呢。

玉　玲：华胜你能不能别这么好？你这么一说，弄得我都不忍心走了。

华　胜：这好办，我打"飞的"去看你。不过你要是翅膀硬了，就飞得更高、更远了，我会不会够不着了啊？

志　强：看你们说得惨兮兮的，留学是件高兴的事啊。哎，叫咱们的号了，快进去吧！

词　语

1	现场	xiànchǎng	（名）	发生事件或正在生产、工作、演出、试验等的场所：~制作蛋糕｜厂长到~看望工人。
2	叫号	jiào hào		在医院、银行等服务性机构呼唤表示先后次序的号：~机｜等医生~｜还没叫我的号呢。
3	所言不虚	suǒ yán bù xū		虚，假。所说的不是假话。
4	氛围	fēnwéi	（名）	周围的气氛和情调。atmosphere：欢乐的~｜这家咖啡店~很浪漫。
5	舒心	shūxīn	（形）	心情舒展，顺心：令人~｜~的生活｜过上了~的日子。
6	滋润	zīrùn	（形）	本文指舒服：日子过得很~｜他没缺过钱，活得很~。
7	甘心	gānxīn	（动）	愿意，满意。常常用否定形式：不~｜我~受罚｜不达目的绝不~。
8	圆梦	yuán mèng		实现梦想或理想：他愿意帮年轻人~｜终于圆了当冠军的梦。
9	沉浸	chénjìn	（动）	沉在水中，比喻处于某种境界或思想活动中：~在音乐里｜~在幸福的回忆中｜~式外语培训模式。
10	目的语	mùdìyǔ	（名）	指正在学习的语言。target language：母语和~的差异｜沉浸在~环境中。
11	异域	yìyù	（名）	外国：~风情｜了解~文化。

12	开阔	kāikuò	（形）	面积或空间范围宽广。可用于抽象意义：~的江面｜~的心胸｜思路~。
13	视野	shìyě	（名）	眼睛看到的空间范围，引申为见识的范围：~开阔｜~受到限制。
14	多元	duōyuán	（形）	多样的，不单一的：~文化｜~经济｜~化的精神追求。
15	坦然	tǎnrán	（形）	形容心里平静，没有顾虑：~承认｜~面对所有人｜神色~。
16	收入囊中	shōu rù náng zhōng		囊，口袋。比喻获得：把金牌~｜最好的人才被这家公司~。
17	走马观花	zǒu mǎ guān huā		比喻粗略地观察事物：~地看了几个地方｜考察要深入，不能~。
18	顶呱呱	dǐngguāguā	（形）	形容最好：她学习成绩~｜他吉他弹得~。
19	语伴	yǔbàn	（名）	语言伙伴。language partner：找~｜~网。
20	好歹	hǎodǎi	（副）	不管怎样，无论如何：你要在就好了，~也能帮我出出主意。
21	出于	chūyú	（动）	表示原因或目的：~个人目的｜~安全考虑｜~无聊他看完了整部电视剧。
22	按理说	àn lǐ shuō		按照情理：~晚辈应该看望长辈｜~跑一个小时会累，可他还那么精神。
23	悟	wù	（动）	了解，领会：若有所~｜~出一个道理。
24	跨	kuà	（动）	超过一定数量、时间或地区之间的界限：~地区｜~年度｜这条河~了两个省。
25	会计	kuàijì	（名）	管理财务工作的人员。accountant：~室｜我们单位的~｜到~处交费。
26	传媒	chuánméi	（名）	指报纸、广播、电视、网络等新闻工具：~公司｜~学院｜多家新闻~对此进行了报道。
27	多样化	duōyànghuà	（动）	由单一向多种样式变化：形式~｜提供~的内容。
28	临床医学	línchuáng yīxué		clinical medicine：~专业｜~杂志｜培养~人才。

29	拥有	yōngyǒu	（动）	领有。具有大量的土地、人口、财产等：~资金和技术｜这些书籍是我~的精神财富。
30	颇	pō	（副）	表示较高程度：~受欢迎｜对音乐~有研究｜大家对他~为满意。
31	丰	fēng	（形）	丰富。较少单用：收入颇~｜这次实习收获甚~。
32	鉴于	jiànyú	（连）	用在第一分句句首，表示依据、原因和理由：~你的特殊身份，说话一定要注意｜~有人反映，我们要展开调查。
33	另辟蹊径	lìng pì xījìng		另外新开一条路。比喻另创一种新风格或新方法：当传统方法不能解决问题时，我们应该~。
34	理所当然	lǐsuǒdāngrán		从道理上说应该这样：学生~要学习｜年轻人多干一点儿是~的。
35	积蓄	jīxù	（名）	积存的钱：每个月都有~｜花光了所有的~。
36	理财	lǐcái	（动）	管理财务：~产品｜~之道｜投资~。
37	投资	tóuzī	（名）	投入的资金
38	忍心	rěnxīn	（动）	能硬着心肠做不忍做的事：不~告诉她｜你怎能~伤害她｜哪能~打骂孩子。
39	兮兮	xīxī		后缀，放在某些词的后面，表示情态，……的样子：惨~｜可怜~｜脏~。

专有名词

| 1 | 托福、GRE、雅思 | 都是英语标准化考试。托福为 TOEFL (the test of English as a Foreign Language)；雅思为 IELTS (International English Language Testing Sgstem)；GRE 为 Graduate Record Examination。 |
| 2 | 英联邦 | the British Commonwealth (of Nations) |

注 释

1. 老话说得好

   固定的说法，后面常跟一句富有哲理的话。

2. 要想知道梨子的滋味，就得亲口尝一尝

   比喻要想获得知识，就要亲自实践。要想了解某事，就要亲自体验。

3. 跟团走

   跟着旅行团旅游。

4. 比上不足比下有余

   赶不上前面的，却超过了后面的。多用来表示说话人满足于现状。

5. 吃青春饭

   一些工作只能在年轻的时候做，老了就做不了了，如模特。人们把做这样的工作称为"吃青春饭"。

6. （钱）好说

   指容易办、好商量。如"奖金的事，好说""只要你努力工作，那就好说了"。

7. 打"飞的"

   打出租汽车叫"打的"，打"飞的"指坐飞机去某处，显得很容易，是开玩笑的说法。

练 习

（一）课文部分

一 用正确的语调朗读下列句子：

1. 咱们都是自己人，好说。
2. 今天说什么也要拉我出来放松一下。
3. 唉，出国留学就那么好吗？
4. 我真是羡慕啊！
5. 爹妈也说会资助一点儿，当然我能不花他们的就不花他们的。
6. 钱就是用来花的，教育也是投资嘛。不够还有我呢。
7. 哎，叫咱们号了，快进去吧！

二 说出下列各句画线部分的含义：

1. 老话说得好，<u>要想知道梨子的滋味，就得亲口尝一尝</u>。
2. 为了<u>圆她的梦</u>，我也只好支持她。
3. 林姐和姐夫外语<u>顶呱呱</u>。
4. <u>钱好说</u>。钱就是用来花的，教育也是投资嘛。
5. 你要是<u>翅膀硬了</u>，就飞得更高、更远了，我会不会<u>够不着</u>了啊！
6. 看你们说得<u>惨兮兮</u>的，留学是件高兴的事啊。

三 根据课文内容回答下列问题：（请使用提示词语）

1. 这个饭店有什么特色？
   （火　预定　叫号　环境　味道　值）

2. 华胜怎么看待玉玲留学的事？
   （说心里话　舒心　滋润　闯　甘心　圆梦　只好）

3. 铃木认为留学的好处有几条？
   （学习语言　地道　文化差异　影响　视野　多元文化　锻炼　培养　心态）

4. 华胜对什么事情很遗憾？
   （出国旅行　走马观花　后悔　顶呱呱　朋友遍天下　羡慕）

5. 玉玲选择出国留学的真正原因是什么？
   （出于　工作　收入　按理说　吃青春饭　热爱家庭　思考　人生规划）

6. 为什么说去国外读硕士比较灵活？
   （学术考试　转专业　传媒　IT）

7. 志强对国外一些专业怎么看？
   （多样化　广泛　承认　典型　就业）

8. 根据铃木他们的调查，什么人想通过留学改变现状？
   （拥有　稳定　竞争力　突破　另辟蹊径　不满意　海外学位）

9. 华胜对学制有什么了解？
   （标准读书时间　英联邦国家　缩短　降低）

10. 玉玲的学费怎么筹集？
    （奖学金　积蓄　理财　赚　爹妈　打工）

（二）词语部分

一 标出下列词语的读音，然后在句中填入适当的词语：

所言不虚　　理所当然　　滋润　　走马观花
顶呱呱　　另辟蹊径　　惨兮兮　　舒心

1. 他在微信朋友圈里又补发了一些照片表明自己（　　　　）。
2. 在唱片市场发展日益艰难的情况下，歌手写书出版并发布同名唱片，也算是（　　　　）。
3. 不要把别人对你的好当成（　　　　）的事。
4. 他把自己的经历写成了一本书，叫《（　　　　）看世界》。
5. 老张想办一家让人住起来很（　　　　）的养老院。
6. 我从来没有像现在这样，活得自在，过得（　　　　）。
7. 周末在冷冷清清的办公室里做了两天PPT，连顿正经饭都没吃，日子过得真是（　　　　）的。
8. 他各个方面都（　　　　），你不得不佩服他。

二 从所给的答案中选择一个，完成句子：

1. 他在公益基金的帮助下，终于（圆了自己的梦／做了一个梦）。
2. 我们在这里的留学生活过得（顶到头／顶呱呱）。
3. 我没有什么特长，只能干点儿（吃青春饭／白吃饭）的活儿。
4. 他这个人缺乏计划性，过一天算一天，日子过得（惨兮兮／自由自在）的。
5. 孩子们翅膀硬了（就让他们飞吧／就不要批评他们了）。
6. 这场大病让我悟出了（一个道理／一个理论）。
7. 你的生活状态挺不错了，你不要（比上不足比下有余／这山看着那山高），好好儿珍惜吧。
8. 只要领导签了字，其他都（难办／好说）。

三 用画线词语简单回答下列问题：

1. 哪些事情需要<u>叫号</u>等待？
2. 什么样的生活算是比较<u>滋润</u>的？
3. 在什么情况下夫妻一方无法<u>坦然</u>面对另一方？
4. 单一文化和<u>多元文化</u>有什么区别？
5. 你<u>甘心</u>一辈子做别人的助手吗？
6. <u>投资</u>有哪些渠道？

（三）句式部分

用给出的词语改说或完成句子：

1. 有……，就能……啊

    有华胜这个美食家在身边，就能遍尝天下美味啊。

    （1）别人帮助学习比自己自学进步快。

    （2）在这么好的生活环境中，心情确实不错。

    （3）他的研究基础比较好，做出的成果确实比其他人强。

    （4）用地道的材料做饭……

    （5）A：他怎么会在这么短的时间内取得这么大的成就？

    　　　B：……

2. ……好歹……，应该……

    你好歹还是年轻人，应该下点儿功夫努努力啊。

    （1）我考试及格了，还是要庆祝一下。

    （2）这辆车虽然是二手的，但怎么说也是汽车，比自行车强多了。

    （3）他们都受过正规的大学教育……

    （4）他留过学……

    （5）A：她第一次离开家独自生活，会做饭吗？

    　　　B：……

3. 按理说……，可是……

   按理说应该比较满足，可是跑来跑去也让我悟到一些东西。

   （1）他住得最近，不应该迟到，但他是我们班的迟到大王。

   （2）我做了一个全身按摩，以为能睡个好觉，结果还是一夜没睡着。

   （3）有钱了就会感觉到一种满足……

   （4）花长时间不浇水就会死掉……

   （5）A：你们的试验进展怎么样了，快结束了吧？

   　　B：……

4. 鉴于……，如果想……，就……

   鉴于企业中的竞争压力，如果想保持持久的竞争力，就需要不断地充电和学习。

   （1）旅行时带现金很危险，为了安全和方便还是带卡比较好，少带一点儿现金。

   （2）截止日当天提交论文的人过多会导致网络出问题。为了确保成功，最好早点儿提交。

   （3）某些专业毕业后很难找工作……

   （4）考试时间要四个小时……

   （5）顾客对这个牌子的评价普遍较低……

5. ……，这才……

   怎么学得更扎实一些，这才是我最关注的呢。

   （1）爱他人，为别人做一些好事是最重要的。

   （2）人与人之间的真情，这一点最值得珍惜。

   （3）A：什么样的家庭算是幸福的家庭？

   　　B：……

   （4）A：你心目中的理想社会是什么样的？

   　　B：……

   （5）A：人的一生怎样才算成功？

   　　B：……

（四）任务与活动

一 讨论题：

1. 查一下"海归（海龟）""海待（海带）"的意思，谈谈产生这种现象的原因。
2. 谈谈你们国家留学的情况。（年龄、经费、专业、就业……）

二 就下列问题进行调查并作汇报：

1. 请调查3—5个同学或朋友，比较一下他们的留学动机和目的。
2. 通过网络查询或访谈，将大家公认的最佳留学国家和最佳大学（3—5个）记录下来，然后和班里同学进行比较，看看有多少是重合的，并分析结果是否具有合理性。

调查者	最佳留学国家	最佳大学
我		

三 辩论题：

1. 甲方：高中留学优于大学留学
   乙方：大学留学优于高中留学
2. 甲方：长期的学位留学优于短期的进修留学
   乙方：短期的进修留学优于长期的学位留学

第十一课　广告是多还是少

热身话题

1. 你看到最多的是什么广告？
2. 请说一个你印象最深的广告。
3. 你最不喜欢什么样的广告？

本课人物：林志强、郝阳、广告专业的吕老师以及白向东、钱莉、王芸等学生。

场　　景：经济系举办的一次关于广告的小型讨论会

白向东： 各位同学，大家好！欢迎参加今天的讨论会。请允许我先来介绍一下到场的两位嘉宾。这位是传媒学院的吕老师。吕老师的《中国广告发展史》是广告专业学生的必读书。这位是著名的广告专家郝阳先生。他的设计得过很多大奖，大家耳熟能详的节约用水的公益广告就出自郝先生之手。今天吕老师、郝先生在百忙之中抽出时间来跟我们座谈，我们表示热烈欢迎。（鼓掌）

郝　阳： 大家好！刚才小白的话过奖了，我不是什么专家，只不过比大家早涉足这个行业，很多经验都是慢慢积累起来的。成功过，也失败过。大家邀我来谈谈，我还真有点儿不知从何说起。咱们就像朋友一样随便聊吧，我说的不对的地方还请大家指正，同时我也想借这个机会学习学习。

白向东： 郝先生太谦虚了！那好，我们就直接进入主题吧。关于人们对广告的看法，我们简单调查了一下，发现有烦广告的，也有喜欢广告的，观点不尽相同。但不管怎样，广告已经以各种形式渗透到我们的生活中来了，并且已经成为不可或缺的一部分了。那么，广告到底是多了还是少了？广告多了到底是好事还是坏事？希望大家发表一下自己的见解。

钱 莉： 我先说两句。依我看，广告恐怕是太多了。打开电视，十有八九正播广告；打开收音机，广告也是见缝插针；杂志、报纸更是不用说了；走在街上，满眼都是广告牌，连公共汽车上、地铁站里，甚至电梯间内也都有广告，让你无处躲、无处藏。我倒不是说广告本身不好，问题在于这样铺天盖地、无孔不入，难免让人感到厌烦，甚至产生逆反心理。

志 强： 我同意这位同学的意见。我也觉得广告太多了。我喜欢看球，特别是现场直播，可是往往在比赛最激烈的时候，突然给你插播几个广告，我觉得挺破坏情绪的。

吕老师： 看来这两位同学对广告都是深恶痛绝啊。不过，我个人认为，从总体上来讲，我们国家的广告不是太多了，而是远远不够。有关资料显示：中国现在已经成为全球第二大广告市场，但是中国的广告总量还不到美国广告市场的40%；如果从中国的人均广告消费来讲，只有美国和日本的1/10。另外，从广告的分布上看，也存在城乡差别和地域差别。北京、上海这些大都市，广告业已经相当发达，但在二三线城市，在西北地区，广告业还相对落后。大家知道，广告也是推动经济发展、提升品牌价值，从而提升消费者生活品质的一个非常重要的行业。广告的多少是和经济发达的程度成正比的。经济发达广告就多，广告多了又推动了经济的发展，从而形成一个良性循环。此外，广告业的发展对大众传播媒介、娱乐业有着举足轻重的影响。说白了，许多精彩的体育比赛、电视节目，还有很多影视剧都是广告商出钱赞助的,不播这些广告,你可能连比赛的影儿也见不着。

白向东:吕老师说得有道理。多亏有了赞助商,现在我们的电视节目比以前丰富多了。不过人家既然在电视上做广告,也就证明人家有实力;而电视台既然收了人家的钱,当然也要为人家宣传产品了,市场经济嘛。

王 芸:我倒觉得有广告挺好的。在我们家,只要节目中间一放广告,大家就忙开了,方便的方便,打电话的打电话,既放松眼睛,又活动身体,什么都不耽误。你们不妨试试看。

白向东:要是广告商听了你的话,非气死不可。

郝 阳:这倒是给我们做广告的提了个醒,广告一定要做得好看。现代社会是信息爆炸的社会,而广告作为传达信息的一种手段,可以说是生活在现代商品社会中的人必须付出的一种代价。而且,它有无法替代的价值。比如说一种产品,如果用挨家挨户上门推销的办法,就有相当一部分人家并不需要,推销员在那里做的就是无用功,这样就降低了工作效率,提高了产品成本。

吕老师:(接着郝阳的话)消费者也就得不到价廉物美的商品。

郝 阳:对。后来就发展了广告,让大众传播媒介替你做宣传。这样,需要的人就会去商店购买。产品有了知名度,销路打开以后,就可以大规模生产,提高质量,降低成本。所以,现代商品社会中,每生产一种产品之前,怎样做广告是必须考虑的问题。

钱 莉:不过,广告是不是有它致命的弱点呢?说到底,做广告就是谁给钱替谁做宣传,就像俗话说的"老王卖瓜,自卖自夸"。且不说企业为了盈利,难免会在广告中有意无意地误导消费者;那些经过艺术加工的商业广告,也是说得天花乱坠。大家知道,做广告是要花很多钱的,要是把这些钱都用来提高产品质量,那该有多好。

吕老师:我想就这位同学的话说几句。在现代社会里,酒香也怕巷子深哪。至于你说的那些质量不过硬的厂家,即使大做广告,产品也卖不动。从长远来看,投入大于产出,最终是会被淘汰的。在我看来,广告之所以不那么受大众欢迎，是因为目前广告业还不够发达，精品还比较少，有些广告也有夸大其词之嫌。此外，中国的传统观念不重视经商，还有个词叫"无商不奸"，就是说做生意的人都是奸商。这种观念也影响了人们对广告的看法，认定只要做广告的就一定是自吹自擂。

白向东：好，看来今天这个话题可谈的内容还真不少。由于时间有限，关于对广告的看法，我们就先谈到这儿。下面请大家休息十分钟，然后请郝先生给我们做具体案例的演示和讲解。这部分将更加精彩。

词语

1	小型	xiǎoxíng	（形）	规模不大，小范围的：~展览。
2	嘉宾	jiābīn	（名）	尊贵的客人：特邀~。
3	耳熟能详	ěr shú néng xiáng		听的次数多了，熟悉得能详尽地说出来。
4	涉足	shèzú	（动）	指进入某种环境或范围：无人~｜~影视业。
5	指正	zhǐzhèng	（动）	（客套话）用于请别人批评自己的作品和意见。
6	主题	zhǔtí	（名）	中心思想，主要内容：~鲜明。
7	不尽相同	bújìn xiāngtóng		不完全一样。
8	渗透	shèntòu	（动）	比喻不知不觉地进入，产生作用。
9	不可或缺	bùkě huòquē		表示非常重要，不能有一点点的缺失。
10	十有八九	shí yǒu bā jiǔ		百分之八九十。表示很有可能。
11	电梯间	diàntījiān	（名）	电梯内部的空间。
12	铺天盖地	pū tiān gài dì		形容来势凶猛，到处都是。
13	无孔不入	wú kǒng bú rù		比喻利用一切机会（多指做坏事）。
14	厌烦	yànfán	（动）	讨厌，认为麻烦：令人~｜~之极。
15	逆反	nìfǎn	（动）	一种心理现象。对事情的反应跟当事人的意愿和多数人的反应完全相反：~心理｜~期。

16	直播	zhíbō	（动）	不经过录制、加工而直接播送。
17	深恶痛绝	shēn wù tòng jué		厌恶、痛恨到极点。
18	正比	zhèngbǐ	（名）	direct proportion：成~。
19	良性	liángxìng	（形）	能产生好的结果的。
20	循环	xúnhuán	（动）	事物周而复始地运动或变化。to circle
21	媒介	méijiè	（名）	使双方发生关系的人或物。medium
22	举足轻重	jǔzú qīngzhòng		所处地位非常重要。
23	替代	tìdài	（动）	代替：无可~｜~产品。
24	挨家挨户	āi jiā āi hù		一家一户地、逐一地。
25	无用功	wúyònggōng	（名）	没有效果的努力：做~。
26	价廉物美	jià lián wù měi		东西又便宜又好。
27	知名度	zhīmíngdù	（名）	被别人知道的程度：提高~。
28	销路	xiāolù	（名）	（商品）销售的出路：~不畅｜打开~。
29	致命	zhìmìng	（动）	导致丧失生命，形容非常严重的（错误、过失等）：~的失误。
30	且不说	qiěbùshuō		更不用说，不提。
31	盈利	yínglì	（动）	获得利润：取得~。
32	误导	wùdǎo	（动）	错误地引导：造成~｜~消费者。
33	天花乱坠	tiān huā luàn zhuì		比喻说话有声有色，非常动听（多指夸大的或不切实际的）。
34	巷子	xiàngzi	（名）	较窄的街道。
35	过硬	guòyìng	（形）	经受得起严格的考验和检验：技术~｜产品~。
36	夸大其词	kuādà qí cí		语言夸张，超过事实。
37	（之）嫌	(zhī)xián		被怀疑有某种行为的可能性。
38	无商不奸	wúshāngbùjiān		商人都是狡猾的，骗人的。贬义词。
39	奸商	jiānshāng	（名）	用不正当手段获得暴利的商人。
40	自吹自擂	zì chuī zì léi		自己吹喇叭，自己打鼓，比喻自我吹嘘。

| 41 | 案例 | ànlì | （名） | 作为典型的例子：教学~｜典型~｜~丰富。 |

注 释

1. 说白了

   说得更明白一点、更通俗一点。

2. 连……的影儿也见不着

   表示根本看不见。夸张的说法。

3. 方便

   上厕所的委婉说法。

4. 信息爆炸

   形容信息数量在短时间内急剧增加的情形。

5. 老王卖瓜，自卖自夸

   俗语，比喻自己夸自己卖的东西好。

6. 酒香也怕巷子深

   套用俗话"酒香不怕巷子深"。原句意思为：如果是好酒，即使在巷子深处，人们也会知道并购买。

练 习

（一）课文部分

一 用正确的语调朗读下列句子：

1. 我不是什么专家，只不过比大家早涉足这个行业，很多经验都是慢慢积累起来的。
2. 广告到底是多了还是少了？广告多了到底是好事还是坏事？希望大家发表一下自己的见解。
3. 我倒不是说广告本身不好，问题在于这样铺天盖地、无孔不入，难免让人感到厌烦，甚至产生逆反心理。
4. 不播这些广告，你可能连比赛的影儿也见不着。

5. 只要节目中间一放广告，大家就忙开了，方便的方便，打电话的打电话。
6. 要是把这些钱都用来提高产品质量，那该有多好。

二 说出下列各句画线部分的含义：

1. 刚才小白的话<u>过奖</u>了。
2. 咱们就像朋友一样随便聊吧，<u>我说的不对的地方还请大家指正</u>。
3. 突然给你插播几个广告，我觉得挺<u>破坏情绪</u>的。
4. 经济发达广告就多，广告多了又推动了经济的发展，从而形成一个<u>良性循环</u>。
5. 大家就忙开了，<u>方便的方便</u>，打电话的打电话。
6. 说到底，做广告就是谁给钱替谁做宣传，就像俗话说的"<u>老王卖瓜，自卖自夸</u>"。
7. 在现代社会里，<u>酒香也怕巷子深</u>哪。
8. 中国传统观念不重视经商，还有个词叫"<u>无商不奸</u>"，就是说做生意的人都是奸商。

三 根据课文内容回答下列问题：（请使用提示词语）

1. 今天的讨论会请来的嘉宾是谁？
   （传媒学院　必读书　设计　耳熟能详　出自）

2. 钱莉对广告的看法是什么？
   （十有八九　见缝插针　满眼　倒不是　问题在于　铺天盖地　无孔不入　逆反）

3. 中国广告业的现状是怎样的？
   （广告总量　人均广告消费　分布　城乡　地域　发达　落后）

4. 广告有什么价值和作用？
   （信息爆炸　手段　无法替代　无用功　效率　知名度　销路　大规模　提高　降低）

5. 广告有什么致命弱点？
   （宣传　盈利　有意无意　误导　艺术加工　天花乱坠）

6. 在吕老师看来，人们不喜欢广告的原因是什么？
   （发达　精品　夸大其词　无商不奸　认定　自吹自擂）

（二）词语部分

一 标出下列词语的读音，然后在句中填入适当的词语：

夸大其词　　耳熟能详　　自吹自擂　　天花乱坠　　十有八九
铺天盖地　　无孔不入　　见缝插针　　举足轻重　　深恶痛绝

1. 地震引起了海啸，海水（　　　　）而来，冲倒了房屋，卷起了树木，这里霎时变成了一片汪洋。
2. 他的眼睛一直在眨，很不自然，（　　　　）在撒谎。
3. 某化妆品广告说"今年二十，明年十八"，明显是（　　　　）。
4. 小广告像城市的"牛皮癣"一样，（　　　　），令人（　　　　）。
5. 不但学习、工作，休息、娱乐也要学会（　　　　），充分利用好时间。
6. 任凭商家说得（　　　　），我有一定之规，就两个字：不买！
7. 他（　　　　）说是名门之后——孔子第七十三代孙，谁信呢！
8. 这首诗我们小时都背诵过，人人（　　　　）。
9. 石油是这个国家的经济命脉，有着（　　　　）的作用。

二 从所给的答案中选择一个，完成句子：

1. 你们老师邀我来给大家讲讲，我还真有点儿（不知从何谈起 / 不知所措）。
2. 我们这是讨论会，请大家（各抒己见 / 发表作品），畅所欲言。
3. 北方的春天风沙太大了，简直是（见缝插针 / 无孔不入），仅一天家里就一层尘土。
4. （不可否定 / 不可肯定）的事实是，过多的人口负担阻碍了经济的发展。
5. 小王失业在家，靠借债过日子，无力还债只好再去借，拆东墙补西墙，债务越来越多，从而形成了（良性循环 / 恶性循环）。
6. 这家百年老店靠诚信经营，从不做广告，他们说（酒香不怕巷子深 / 酒香也怕巷子深）。
7. 现在骗子骗人的手段真是（五花八门 / 天花乱坠），大家一定要提高警惕。
8. 老师让你写作文，你画那么多装饰干啥？真是（无用功 / 有用功）！

三 用画线词语简单回答下列问题：

1. 你能说一句大家<u>耳熟能详</u>的网络用语吗？
2. 你觉得手机是生活中<u>不可或缺</u>的东西吗？
3. 你背的生词考试中没有考，你做的是不是<u>无用功</u>？
4. 商家常常使用什么样的手段来<u>误导</u>消费者？

5. 在你们国家，商家可以把商品说得天花乱坠吗？

6. 比赛前运动员说："我一定拿第一！"这是不是自吹自擂？

（三）句式部分

用给出的词语改说或完成句子：

1. 到底是……还是……

    广告到底是多了还是少了？广告多了到底是好事还是坏事？

    （1）下个月就要去中国留学了，我非常想知道那里的天气怎么样，冷还是热。

    （2）我们知道火星上没有生命，但还不清楚火星上有没有水。

    （3）那个傲慢无礼的家伙是什么人？……

    （4）我被你搞糊涂了！……

    （5）你说这么一大堆话是什么意思？……

2. 倒不是……，问题在于（是）……

    我倒不是说广告本身不好，问题在于这样铺天盖地、无孔不入，难免让人感到厌烦，甚至产生逆反心理。

    （1）我现在很少踢足球，不是不喜欢，主要是因为踢足球对抗太激烈，容易受伤。

    （2）我不能去找她，她各方面条件都不错，可是我要钱没钱，要事业没事业，穷光蛋一个，怕耽误了她。

    （3）你们开晚会也不是不可以……

    （4）我并不是说玩儿有什么不好……

    （5）他本人不是个守旧的人……

3. ……，难免……

    我倒不是说广告本身不好，问题在于这样铺天盖地、无孔不入，难免让人感到厌烦，甚至产生逆反心理。

    （1）万事开头难，你刚刚开始学写汉字，觉得手指不听使唤是很正常的。

    （2）时间不多了，可是还有好几道考题没有做，当然会心里着急。

    （3）刚来到一个新的环境……

（4）人的岁数大了……

（5）……，难免会有不当之处，请各位批评指正。

4. A 和 B 成正比／成反比

   广告的多少是和经济发达的程度成正比的。

   （1）人民科学文化素质高，国家就繁荣富强。

   （2）劳动生产率提高了，产品成本就降低了。

   （3）一分耕耘一分收获……

   （4）交通事故的死亡率……

   （5）大气的受污染程度……

5. 说白了，……

   说白了，许多精彩的体育比赛、电视节目，还有很多影视剧都是广告商出钱赞助的，不播这些广告，你可能连比赛的影儿也见不着。

   （1）他这个人脾气古怪。说得更清楚一点儿，他总喜怒无常。

   （2）那个地方环境不太好，房子又脏又破，还不安全，说实在的，你不应该住那儿。

   （3）他说什么今天有点儿头疼，不能来……

   （4）小张是典型的"月光族"……

   （5）……，他这么游手好闲，想干出一番事业门儿也没有！

6. 且不说……，（就是／连……）

   且不说企业为了盈利，难免会在广告中有意无意地误导消费者；那些经过艺术加工的商业广告，也是说得天花乱坠。

   （1）不好好儿学习，掌握不好本领，将来不但找不到合适的工作，连生活也会成问题。

   （2）离婚？这不但对孩子很残酷，对你自己的生活、事业也有百害而无一利。

   （3）那部电视剧棒极了，男女主角是当红明星，表演自然、细腻……

   （4）那家公司很有实力……

   （5）……，就是一般的工作人员也举止得体、和蔼可亲。

（四）任务与活动

一 讨论题：

1. 我们日常生活的哪些方面会受到广告的影响？
2. 你觉得好广告的标准是什么？
3. 你怎么看待知名企业／品牌花大钱做广告的行为？

二 请你说说：

找找以下几方面的广告，从内容、形式、效果、优点、不足等方面谈谈你对它们的看法。

> 快餐、饮料、酒、化妆品、保健品、服装、汽车、运动用品、婴幼儿用品、教育培训、专科医院

三 辩论题：

1. 甲方："酒香不怕巷子深"，好的产品不用做广告
   乙方："酒香也怕巷子深"，好的产品也必须做广告
2. 甲方：广告做得越大，产品销路越好
   乙方：广告做得大，销路不一定好

四 演讲题：

以"关于广告"为题，参考给出的词语，先拟一个发言提纲，然后在课堂上作不少于 5 分钟的演讲。

> 1. 广告与生活：
>   铺天盖地　　无孔不入　　不可缺少　　举足轻重
>   电视　　　　广播　　　　报刊　　　　杂志
>   商业区　　　街道　　　　广告牌　　　电线杆
>   小广告　　　广告衫　　　分发　　　　邮寄　　　　邮件
> 2. 广告的性质与功能：
>   宣传　　　　传播　　　　信息　　　　推销　　　　知名度
>   销路　　　　成本　　　　效率　　　　生产　　　　策划　　　　精品
>   艺术性　　　构思　　　　创意　　　　画面　　　　语言　　　　文字
> 3. 广告的弊病：
>   无商不奸　　视觉污染　　强迫　　　　夸大其词
>   误导　　　　艺术加工　　自吹自擂　　老王卖瓜

第十二课　献一点儿爱心给动物朋友

热身话题

1. 你喜欢动物吗？你最喜欢哪一种或哪一类动物？
2. 你有养动物的经历吗？说说你的感受。
3. 你们国家的代表性动物是什么？

本课人物：林父、林母、林雪、元元、林志强、铃木雅子。

场　　景：周末的晚饭后，大家都聚在客厅里，聊天的聊天，看电视的看电视。林志强拿出一个优盘。

志　强：　哎，你们上次不是说要看雅子参加留学生演讲比赛的视频吗？我拷贝了一份，咱们一起看看怎么样？

大　家：　太好了，快给我们放放。

（林志强在电视机上插入优盘，屏幕上出现了雅子在演讲比赛现场的镜头）

元　元：　（拍手欢叫）哦，雅子阿姨上电视喽！

铃　木：　各位老师，各位同学，你们好！今天我要演讲的题目是：献一点儿爱心给动物朋友。我们生活在一个充满各种生命的世界里。在我们居住的这个星球上，从常年冰雪覆盖的极地到莽莽丛林的赤道，从世界屋脊喜马拉雅山群峰到大洋深处，从森林、草原到万米高空，无时无处不存在着生命。这些生命互相组合在一起，构成了多姿多彩的世界，这就是我们常说的生物链。我们人类以及一切生命都处在这个生物链当中，这条链只要有一环出现问题，后果就是非常严重的。一个野生物种的衰退或消失会直接威胁到其他物种的生存，最终将危及到人类自身的生存。这不是一种假设，而是一种已经存在，并且正在发展的现实。

大家都知道，现在地球上的很多动物都面临着危险的处境，有很多已经濒临灭绝甚至已经灭绝。造成这种情况的主要原因，我认为一是生态环境的不断恶化，二是人类的大肆捕杀……

林　父：（插话）没错，前几天电视里还报道说，海关查出有人携带了很多象牙……

林　母：嘘——咱们先听雅子讲。

铃　木：下面我先说说第一个原因。我们人类和动物共同生活在这个地球上，可以说是关系密切的朋友。那么，我们这个共同的家园现在情况怎么样呢？下面我就来给大家介绍一些基本的情况。联合国环境规划署的调查表明：从饮用水、空气到海洋和森林，整个地球环境正在全面恶化。南极臭氧空洞正以令人吃惊的速度增大，使地面辐射增强，皮肤癌发病率上升；空气质量严重下降，水源遭到污染，降水减少，水资源贫乏，有相当多的地区和城市处于缺水状态；另外，全球每年地表土壤流失也非常严重，大量化学肥料和杀虫剂的使用直接破坏了土壤；全球森林面积也正在不断地缩小，沙漠化的速度很快。我所说的一点儿也不夸张，这就是我们人类和动物朋友所处的环境的现状。

让我们再来看看动物在这种现状中的处境吧。联合国有报告说，越来越多的动物已经濒临灭绝。这是多么触目惊心的现象啊！如果再不采取措施改善环境、保护动物，恐怕最后连我们常见的麻雀也要从地球上消失了。这绝对不是危言耸听。我们人类是地球上最聪明的动物，我们可以创造很多先进的科学技术，但就是不能制造出

　　　　　一个物种。所以我认为，加强环境保护，净化我们的地球，从而保护动物，已经到了刻不容缓的地步了……

林　雪：哎呀，雅子说得真好，很有说服力。

林志强：她为了写这个稿子查了好多资料，又闭门背诵了好几天呢。

林　父：咱们先别议论了啊，快接着听。

铃　木：下面我再说说第二个原因。动物的厄运还不仅仅是环境造成的。除了刚才所说的环境因素外，对动物构成威胁的另一方面原因来自人类自身。有些人为了追求所谓的富贵豪华，穿衣服要穿真皮的，沙发要坐真皮的，甚至连背包也要背个真皮的。而且一般的皮革还不能满足他们的虚荣心，还要追求珍稀动物的皮毛。似乎只有这样，才能显示他们的高贵和富有。还有些人为了满足自己的口腹之欲，不惜大把大把地花钱，去品尝那些珍稀野兽的味道，似乎只有这样，才算见多识广，充分享受了生活。而他们的这种心理，又被另一些一心想发大财的人所利用。这些人为了自己眼前的利益，不顾道德、法律和人类的长远利益，大肆捕杀珍稀的野生动物。那些大象、老虎、熊，甚至海豚等聪明可爱的动物，都成了他们枪下、刀下的牺牲品，真是让人痛心疾首！生活在青藏高原上的藏羚羊，就因为它们的皮毛被称为"软黄金"而遭到偷猎者的大肆捕杀。我觉得我们人类不能因为自己比动物更有智慧和能力，就无视动物的生存权利，随便捕杀动物，剥夺它们的生命，限制它们的自由，这样做的结果就是毁灭人类自己的生存环境。最后我想说的是，每一个有人性的人都不能看到动物被残杀而无动于衷。献出一点儿爱心给我们的动物朋友吧！至少手下留情，给它们留一条生路，因为只有它们在地球上继续繁衍生息，我们人类才不会孤独，也才能有安全、稳定的家园。保护动物，就是保护我们人类自己！谢谢大家！

　　　　　（大家都热烈地鼓起掌来）

林　父：雅子讲得太好了，声情并茂，又有说服力，我都被感动了。

林　雪：听雅子讲讲还挺长知识的，我以前只知道应该保护动物，但没想到动物的处境这么糟糕。

志　强：雅子在她家乡还是动物保护组织的成员呢。

林　母：是吗？怪不得对保护动物这么热心。

元　元：姥姥，山林里的动物要是都去动物园住就没事了，就没人杀它们了，是吧？

林　母：傻孩子，那哪儿行啊？动物进了动物园就没有自由了，再说也没有这么大的地方呀。

林　雪：动物本来是属于大自然的，而现在人们把它们关在水泥地面的房子或者铁笼子里头，又给它准备好现成的食物，时间一长，它们自己就没有生存能力啦。

林　父：爱动物得"爱之有道"才行。你要是真爱它，就得尊重和顺应它的习性，否则效果就会适得其反。

词　语

1	视频	shìpín	（名）	video：放~｜看~｜做~。
2	覆盖	fùgài	（动）	遮盖，比喻涉及或影响到的范围：~全国｜~全校｜~面。
3	极地	jídì	（名）	北极圈或南极圈以内地区。polar region
4	莽莽	mǎngmǎng	（形）	草木茂密、广阔无边。
5	多姿多彩	duō zī duō cǎi		形容姿态、色彩等多种多样，十分丰富。
6	生物链	shēngwùliàn		指由动物、植物和微生物互相提供食物而形成的相互依存的链条关系。biosphere
7	野生	yěshēng	（形）	在自然环境里生长而非人工种养的。wild, undomesticated, uncultivated
8	物种	wùzhǒng	（名）	species：野生~｜古老~。
9	衰退	shuāituì	（动）	衰弱，减退：精力~｜记忆力~｜经济~。
10	危及	wēijí	（动）	有害于，威胁到：~安全｜~生命｜~社会。
11	假设	jiǎshè	（名）	虚构：~人物｜一种~。

第十二课 献一点儿爱心给动物朋友

12	濒临	bīnlín	（动）	紧接，临近：~死亡｜~大海。
13	灭绝	mièjué	（动）	完全灭亡：物种~｜濒临~｜恐龙是一种已经~的动物。
14	大肆	dàsì	（副）	无顾忌地（多指做坏事）：~破坏｜~鼓吹。
15	捕杀	bǔshā	（动）	捕捉并杀死：~动物｜大肆~。
16	辐射	fúshè	（动）	光和热的传播方式。to radiate：~很强｜受到电脑~。
17	贫乏	pínfá	（形）	缺少，不丰富：资源~｜知识~｜内容~。
18	流失	liúshī	（动）	指自然界的矿石、土壤自己散失或被水、风力带走：水土~｜人才~。
19	夸张	kuāzhāng	（形）	夸大，超过实际言过其实：~的手法｜~的打扮｜这个比喻有点儿~。
20	现状	xiànzhuàng	（名）	目前的状况。
21	触目惊心	chù mù jīng xīn		看到某种严重情况引起内心的震动。
22	麻雀	máquè		一种常见的鸟。（house）sparrow
23	危言耸听	wēi yán sǒng tīng		故意说吓人的话使听的人吃惊。
24	净化	jìnghuà	（动）	清除杂质使事物纯净：~空气｜~语言｜心灵得到~。
25	刻不容缓	kè bù róng huǎn		片刻也不能拖延。形容形势紧迫。
26	厄运	èyùn	（名）	困苦的遭遇；不幸的命运：~降临｜遭遇~｜消除~。
27	富贵	fùguì	（名）	指有钱、有地位。
28	豪华	háohuá	（形）	过分铺张、奢侈。
29	虚荣心	xūróngxīn	（名）	追求表面上光彩的心理：~强｜满足了他的~。
30	口腹之欲	kǒu fù zhī yù		指吃东西的欲望。
31	珍稀	zhēnxī	（形）	珍贵而稀有的：~品种｜保护~动物。
32	高贵	gāoguì	（形）	指地位特殊、生活享受优越的：穿着~｜人品~｜气质~。
33	不惜	bùxī	（动）	不顾惜；舍得：~成本｜~代价｜~牺牲。
34	见多识广	jiàn duō shí guǎng		见过的多，知道的广。

35	痛心疾首	tòng xīn jí shǒu		形容痛恨到极点。
36	偷猎者	tōulièzhě	（名）	在违法的前提下偷偷去捕猎动物的人。poachers
37	无视	wúshì	（动）	不放在眼里，不认真对待：～他人｜～现实｜～法律。
38	剥夺	bōduó	（动）	用强制的手段夺去或取消：～权利｜～财产｜～自由。
39	无动于衷	wú dòng yú zhōng		内心没有受到任何触动。多形容对该关心的事毫不关心。
40	手下留情	shǒu xià liú qíng		下手的时候因照顾情面而宽恕或原谅对方。
41	生路	shēnglù	（名）	保全生命的途径：给他一条～｜放出一条～。
42	繁衍生息	fányǎn shēngxī		繁殖和生存。
43	声情并茂	shēng qíng bìng mào		声音悦耳，感情充沛动人。
44	顺应	shùnyìng	（动）	顺从，适应：～形势｜～潮流｜～自然规律。
45	习性	xíxìng	（名）	长期在某种自然条件或社会环境下养成的特性。habits and characteristice
46	爱之有道	àizhī yǒudào		爱某种事物、人、动物要爱得得法。
47	适得其反	shì dé qí fǎn		结果跟希望正好相反。

注　释

1. 喜马拉雅山（Xǐmǎlāyǎ shān）

    世界最高的山系。被称为"世界屋脊"。the Himalayas

2. 赤道（chìdào）

    环绕地球表面，与南、北极距离相等的假想的圆周线。the equator

3. 联合国环境规划署

    是联合国（UN）主管环境事务的部门。United Nations Environment Programme (UNEP)

4. 南极（nánjí）

    地球南半球的顶点。the South Pole

5. 臭氧空洞（chòuyǎng kōngdòng）

   臭氧层浓度大量减小的地方。ozonoe hole

6. 青藏高原（Qīngzàng Gāoyuán）

   在中国的西部及西南部，是世界上最高最大的高原。

7. 藏羚羊（zànglíngyǎng）

   生活在青藏高原上的一种羊，其皮毛又细又密，被称为"软黄金"。

练 习

（一）课文部分

一 用正确的语调朗读下列句子：

1. 哎，你们上次不是说要看雅子参加留学生演讲比赛的视频吗？我拷贝了一份，咱们一起看看怎么样？
2. 在我们居住的这个星球上，从常年冰雪覆盖的极地到莽莽丛林的赤道，从世界屋脊喜马拉雅山群峰到大洋深处，从森林、草原到万米高空，无时无处不存在着生命。这些生命互相组合在一起，构成了多姿多彩的世界，这就是我们常说的生物链。
3. 一个野生物种的衰退或消失会直接威胁到其他物种的生存，最终将危及到人类自身的生存。这不仅仅是一种假设，而是一种已经存在，并且正在发展的现实。
4. 我所说的一点儿也不夸张，这就是我们人类和动物朋友所处的环境的现状。
5. 让我们再来看看动物在这种现状中的处境吧。
6. 如果再不采取措施改善环境、保护动物，恐怕最后连我们常见的麻雀也要从地球上消失了。这绝对不是危言耸听。
7. 有些人为了追求所谓的富贵豪华，穿衣服要穿真皮的，沙发要坐真皮的，甚至连背包也要背个真皮的。而且一般的皮革还不能满足他们的虚荣心，还要追求珍稀动物的皮毛。似乎只有这样，才能显示他们的高贵和富有。还有些人为了满足自己的口腹之欲，不惜大把大把地花钱，去品尝那些珍稀野兽的味道，似乎只有这样，才算见多识广，充分享受了生活。
8. 那些大象、老虎、熊，甚至海豚等聪明可爱的动物，都成了他们枪下、刀下的牺牲品，真是让人痛心疾首！
9. 最后我想说的是，每一个有人性的人都不能看到动物被残杀而无动于衷。献出一点儿爱心给我们的动物朋友吧！至少手下留情，给它们留一条生路，因为只有它们在地球上继续繁衍生息，我们人类才不会孤独，也才能有安全、稳定的家园。保护动物，就是保护我们人类自己！

二 说出下列各句中画线部分的真正含义：

1. 越来越多的动物已经<u>濒临灭绝</u>。
2. 这是多么<u>触目惊心</u>的现象啊！
3. 如果再不采取措施改善环境、保护动物，恐怕最后连我们常见的麻雀也要从地球上消失了。这绝对不是<u>危言耸听</u>。
4. 所以我认为，加强环境保护，净化我们的地球，从而保护动物，已经到了<u>刻不容缓</u>的地步了。
5. 有些人为了满足自己的<u>口腹之欲</u>，不惜<u>大把大把地</u>花钱……
6. 每一个有人性的人都不能看到动物被残杀而<u>无动于衷</u>。
7. 至少<u>手下留情</u>，给它们<u>留一条生路</u>。
8. 爱动物还得"<u>爱之有道</u>"才行。你要是真爱它，就得尊重和顺应它的习性，否则效果就会<u>适得其反</u>。

三 根据课文内容回答问题：（请使用提示词语）

1. 铃木说的"生物链"是什么意思？
   （生活在……里　在……上，从……到……，从……到……，无处……　连接　构成）

2. 生物链对人类来说有什么重要意义？
   （……都处在……　只要……，后果……　……直接威胁到……，最终……，这不仅仅……，而是……）

3. 铃木认为现在地球的环境情况怎么样？
   （恶化　臭氧空洞　空气　水　土壤　森林　沙漠化　夸张　现状）

4. 铃木为什么说保护动物已经到了刻不容缓的地步？
   （濒临灭绝　如果……，恐怕……，这绝对……　制造物种　所以……）

5. 铃木认为，人类的哪些行为威胁到了动物的生存？
   （为了……　有些人……要……的，……要……的　还有些人为了……，不惜……　被……利用　大肆）

6. 铃木是如何看待人类与动物的关系的？
   （不能因为……，就…… 捕杀 剥夺 限制 至少……，给……，因为……，才……，才……）

7. 大家对铃木的演讲有什么反映？
   （声情并茂 说服力 连……都…… 长知识 没想到）

8. 把动物关进动物园有什么弊病？
   （……，再说…… 本来……，把它……，又给它……，就…… 爱之有道 要是……，就得……，否则……）

（二）词语部分

一 标出下列词语的读音，然后在句中填入适当的词语：

多姿多彩 触目惊心 危言耸听 刻不容缓
见多识广 痛心疾首 无动于衷 声情并茂

1. 社交网络上的一些信息并不真实，其中也不乏一些（　　　　）的消息，我们要学会辨别。
2. 这位老师（　　　　），知识渊博，深受学生们的爱戴。
3. 老师和父母都苦口婆心地劝他不要再吸烟了，但是他（　　　　），依然我行我素。
4. 你现在体重超标，血压偏高，颈椎也有问题。加强运动已经是（　　　　）的事情了。
5. 来到这个（　　　　）的植物园，孩子们的眼睛都不够用了。
6. 这篇作品文字优美，内容感人肺腑，再加上他们（　　　　）的朗诵，打动了所有在场的人。
7. 看到原来茂密幽深的森林变成了一片荒地，在场的人无不（　　　　）！
8. 这部影片表现了毒品对人体的危害，里面的内容简直让人（　　　　）啊！

二 从所给的结构中选择一个，完成句子：

1. 细菌无时无处不存在于我们的生活中，（要想完全清除几乎是不可能的／我们一定要想办法彻底清除它们）。
2. 有些人为了追求富贵豪华，（穿款式时髦、新潮的衣服／穿用珍稀动物的皮毛做的衣服）。

3. 小说的主人公是个虚荣心很强的人，他虽然不富裕，但总是（给孩子买名牌的衣服和用品／带孩子去看电影、逛公园）。
4. 为了研发新一代的手机产品，公司不惜（花费重金／花了很多钱）。
5. 这个广告居然还在大肆鼓吹（购买象牙制品／保护动物），真让人气愤！
6. （运动量过头／运动量不足），效果适得其反。运动并不是越剧烈效果越好。
7. 很多病都是吃出来的，所以（要注意控制好自己的／每个人都应该有）口腹之欲。
8. A：根据公司的规定，一个月之内迟到3次要扣除所有的奖金。
   B：哎哟，请老板手下留情，（再给我涨一点儿工资吧／别扣得这么狠啊）！
9. 每家的父母都是（非常爱自己的孩子的／非常希望孩子有出息的），但必须得爱之有道才行。
10. A：我要回国了，养了一年的小狗没法安排，只好扔掉了。
    B：那哪儿行啊！你应该（为小狗另外找一个家／把它扔到远一点儿的地方去）。

三 用画线词语简单回答下列问题：

1. 这次的考试范围<u>覆盖</u>所有的生词吗？
2. 听说随着年龄的增加，身体器官的功能会逐渐<u>衰退</u>，是这样的吗？
3. 我觉得如果自然环境继续恶化，会<u>危及</u>很多物种的生存。你同意吗？
4. 最近几年电子商务发展很快，实体店的顾客<u>流失</u>恐怕是不可避免的了吧？
5. 他的发言翻来覆去就是那几个词，语言也太<u>贫乏</u>了吧？
6. 如果我们继续破坏自然环境，会给人类带来怎样的<u>厄运</u>呢？
7. 做父母的随意<u>剥夺</u>孩子选择自己人生的权力，你认为这样做合适吗？
8. 社会发展的潮流不可阻挡。我们是应该<u>顺应</u>这种潮流呢，还是逆潮流而行呢？

（三）句式部分

用给出的词语改说或完成句子：

1. 无……无……

   从常年冰雪覆盖的极地到莽莽丛林的赤道，从世界屋脊喜马拉雅山群峰到大洋深处，从森林、草原到万米高空，无时无处不存在着生命。

   （1）生命每时每刻都在诞生，也每时每刻都在消亡，这是不以人们的意志为转移的。

   （2）屋子里一点儿声息都没有，估计人都出去了。

（3）他是个单身汉，一个人吃饱了全家不饿，没有一点儿牵挂。

（4）站在山顶，瞭望广阔而没有边际的蓝天，我的心胸顿时觉得开朗舒畅起来。

（5）我的小猫没有任何缘故地病了，没精打采，不吃不喝，真把我急死了。

2. 以……的速度……

南极臭氧空洞正以令人吃惊的速度增大，使地面辐射增强，皮肤癌发病率上升；……

（1）这辆汽车行驶在高速公路上，速度是每小时150公里，真可以说是风驰电掣。

（2）自从开始采取减肥措施后，她的体重每天都能减500克，很快就显得苗条起来。

（3）飞机起飞了……

（4）A：你知道这几年中国经济的发展速度有多快吗？

B：……

（5）A：这家汽车公司新设计的一款车型非常受欢迎。

B：……

3. ……率

南极臭氧空洞正以令人吃惊的速度增大，使地面辐射增强，皮肤癌发病率上升……

（1）最近我们班来上课的同学越来越多了，出勤的情况很好。

（2）现在中国各大城市的人口都已经进入老龄化了，每天出生的人比死亡的人要少。

（3）青春亮丽的她走在大街上，非常引人注目……

（4）A：我看报纸上说，有人买彩票中了大奖。我也想试试。

B：……

（5）A：你知道一个圆的周长和直径的比率叫什么，是多少吗？

B：……

4. ……，从而……

　　加强环境保护，净化我们的地球，从而保护动物，已经到了刻不容缓的地步了。

（1）由于缉毒犬的聪明和努力，使得毒品贩子无一漏网，统统被警察抓住了。

（2）由于商场领导的疏忽大意和消防设施的不完全，引发了这场火灾。这是血的教训！

（3）我们的老师认真负责，教学有方……

（4）A：这里的河水最近为什么变得干净了？

　　　B：……

（5）A：在历史课上，老师是怎么解释唐代的繁荣的？

　　　B：……

5. 为了……，不惜……

　　还有些人为了满足自己的口腹之欲，不惜大把大把地花钱，……

（1）她为了给孩子治病，愿意倾家荡产，付出所有的财富和精力。

（2）小王为了买一张SHE演唱会的票，已经半个月没有吃早餐了。

（3）天天是一个超级动画迷……

（4）他们一家人太喜欢动物了……

（5）A：听说这个城市的领导和市民都特别重视环境保护。

　　　B：……

6. ……，至少……

　　献出一点儿爱心给我们的动物朋友吧！至少手下留情，给它们留一条生路，……

（1）明天就是你妈妈的生日了，你不管怎么说也应该打个电话问候一下。

（2）学习语言就是得勤学多练，最怕三天打鱼两天晒网。每天都应该花一个小时，这是最基本的要求。

（3）我这两年的学习计划是……

（4）中国可以旅游的名山大川、名胜古迹太多了……

（5）A：不少人都认为秦始皇是一个残暴的君王，你怎么看？

　　　B：……

（四）任务与活动

一 讨论题：

1. 你去过的最有意思的动物园是哪一个？你认为理想的动物园是什么样的？
2. 说一说动物对人类的贡献。
3. 你有没有真皮的衣物？你对于使用真皮衣物的问题有什么看法？
4. 讲一个你和动物之间的故事。
5. 在汉语中，很多动物都有着特殊的含义，你能举出一些例子来吗？在你们国家的语言中，有类似的现象吗？也请举例说明。

二 请你说说：

1. 调查周围的人，请他们说说自己最喜欢的动物和最不喜欢的动物是什么，有什么原因。
2. 调查周围的人，看看谁养了宠物，谁没有养宠物，请他们谈谈原因是什么。

三 角色扮演：

全班分组。针对动物和人类的关系，根据下面的场景设计一段对话，在班里表演。

海豚与捕杀它的人	大象与偷猎者
鸟与要把它关在笼子里观赏的人	狗或猫与要把它扔掉的主人

四 辩论题：

1. 甲方：在家里养宠物弊大于利
   乙方：在家里养宠物利大于弊
2. 甲方：发展经济和保护环境是矛盾的
   乙方：发展经济和保护环境是不矛盾的

口语知识（四）

汉语高级口语常用结构及表达法

　　汉语常见功能有约会、怀疑、信任、警告等。每一个功能项目都有若干常用结构及表达法。这里我们主要介绍其中一些比较复杂的结构及表达法。掌握这些结构及表达法，可使汉语学习者了解汉语口语表达的丰富性，并在较大程度上提高谈话技巧。

1. 交涉：

- 如果……，我们将……
- 你们看怎么办吧！
- 应不应该……，请你给我们一个说法。
- 明明……，为什么不……？我们希望……
- （反问句）？+ 你得……

2. 描述：

- 描写性定语 + 中心语：<u>黄澄澄</u>的阳光　<u>水嫩水嫩</u>的白菜
- 描写性状语 + 谓语：<u>茫然不知所措地</u>推着购物车

3. 解释：

- ……是误会，请不要放在心上。
- 我来解释一下……
- 因为（时间）的关系……
- ……，意思是说……
- ……，也就是说/换句话说……
- ……。说得准确点儿/更准确地说……
- 所谓……，就是指/指的就是……

4. 纠正：

- 哪儿啊……
- 什么呀，……
- 哪像你说得那样（糟糕）？
- 话不能这么说……

5. 排除：

- ……暂且不谈，……
- ……先不说，……

6. 推论：

- ……，这样一来……
- 按说……/ 按……说……
- 照……的说法，……
- 从……上说，……
- ……，可见 / 由此可见……
- ……，如此看来 / 如此说来……

7. 反对、不赞成：

- 这种说法有问题
- 办不到
- 我不这样认为
- 对……持保留意见

8. 不相信：

- （某人）+ 说的跟真的一样
- 这种话谁相信啊？
- 别逗了

- 得啦 / 得了吧
- 骗得了别人骗不了我
- 这种……我见得多了

9. 承认：

- 这是我的责任
- 我是说过……
- 怨我 / 怪我
- （某一后果）+ 是我造成的

10. 否认：

- ……，其实不然，……
- 无中生有 / 造谣生事
- 从没……，怎么会……？
- ……连听说都没听说过 / 连见都没见过，更不用说 / 更别说……了

11. 接受：

- 感谢你的批评，我下次一定注意。
- 你的批评很对，我一定接受教训。
- 这样的条件，我们可以接受。
- 我们同意以这样的条件成交。
- 你的建议很好，我们一定采纳。

12. 拒绝：

- 你的心意我领了，但礼物无论如何不能收。
- 谢谢，我自己能来。
- 谢谢你的好意，但我想我自己能解决。

13. 批评：

    ● 讳疾忌医 / 自欺欺人 / 口是心非

    ● 这未免太（不像话 / 过分）了

    ● （某种事）+ 是你应该 +（做）+ 的吗？（例：这种话是你应该说的吗？）（汉语中常用反问句表示批评，如：你整天玩儿，还想考上好大学？）

    ● 都……了，还这么……（例：都这么大了，还这么不懂事！）

    ● 非但不能……，反而……

    ● 这样 / 这么……，早晚要……

14. 责备：

    ● 成什么样子了？

    ● 怎么就不……？

    ● 亏你……

    ● 你（也）太……了

    ● 有（你）这样……的吗？

    ● 好好的 / 好端端的……，让你给……

15. 质问：（语气一般都很严厉）

    ● 凭什么……？

    ● （某人）+ 还有没有 +（某种原则、品质）？

    ● 你这不是……吗？

16. 服从：

    ● 行，听你的

    ● 我服从……的决定

    ● 我随你

    ● 好，就照你说的做吧

17. 有把握：

- 心里有数 / 心里有谱 / 胸有成竹
- 十拿九稳 / 稳操胜券
- 我敢说……
- 不……才怪呢！

18. 无把握：

- 没数儿 / 没底儿
- 很难说 / 不好说
- 拿不准 / 说不准 / 说不好
- 不敢保证……
- 一半的把握 / 百分之五十的把握
- 天知道……
- 谁说得准！

19. 后悔：

- 现在说什么都晚了
- 悔不该 / 真不该 +（做某事）
- 当时……就好了
- 早知……，就……了
- 后悔莫及 / 后悔晚矣

20. 失望：

- 泄气、灰心
- 心凉了
- 希望成了泡影
- 前途渺茫
- 令人失望 / 遗憾 / 寒心

- （唉），……也没用了
- 心灰意冷 / 心如死灰

21. 担心：

    - 提心吊胆 / 忐忑不安
    - 心里打鼓 / 心里七上八下 / 心跳到嗓子眼儿了 / 捏一把汗

22. 害怕：

    - 打冷战 / 出冷汗
    - 不寒而栗 / 心惊肉跳 / 毛骨悚然 / 心有余悸 / 触目惊心
    - 一朝被蛇咬，十年怕井绳

23. 吃惊：

    - 天啊 / 妈呀 / 好家伙
    - 出人意料 / 祸从天降

24. 疑惑：

    - 糊涂 / 纳闷
    - 摸不着头脑 / 坠入五里云雾

25. 释然：

    - 这下可好了 / 现在好了……
    - 松了一口气
    - 如释重负
    - 一块石头落了地

26. 伤心：

- 简直不想活了
- 心酸 / 心里不是滋味
- 寒心 / 心凉了 / 心碎了
- 心如刀割 / 心如刀绞
- 心痛欲裂 / 痛不欲生

27. 道歉：

- 请多包涵
- 向（您）深表歉意

28. 安慰：

- 一切都会好起来的
- 把心放宽点儿
- 要多保重
- 没什么大不了的
- （发生某事）+ 是难免的
- 不要紧，没 +（发生某事）+ 就好

29. 原谅：

- 下次注意就行了
- 这也难怪他……
- 谁没有做错的时候呢？
- 情有可原

30. 警告：

- 我警告你 / 告诉你……
- 下不为例 / 后果自负

- 不是闹着玩儿的
- 把丑话说在前头 / 把话放在这儿
- 给＋（某人）＋一个忠告
- 要是不……，就别想……
- 必须……，否则……

31. 开始话题：

    - ［个人场合］

    昨天晚上看足球了吧？

    我想和你商量商量

    有个问题问一问

    我听说……，你对这事怎么看？

    - ［众人场合］

    各位先生 / 女士 / 领导 / 来宾……

    今天我们在这里……

    首先，我向……表示……

32. 引入话题：

    - 这个情况你清楚，你说说吧。
    - 我很需要了解这方面的情况……
    - 前面的情况我都知道了，后来呢？
    - 要我说呀……
    - 更可笑的事情还在后头……
    - 没错，我也有同感
    - 既然如此，那我们就来讨论一下……

33. 改变话题：

- 说正经的
- 还有一件事我忘了
- 唉，唉，不要扯得太远
- 这件事不提了，我们说点儿别的
- 这事一会儿再说，我们先谈谈＋（某话题）
- 说到＋（某话题），我想起一件事
- （某话题）先不说，先说说＋（另一话题）

34. 插话：

- 对不起，我打断一下
- 我们最好说点儿别的
- 很抱歉，我想跟他说点儿事
- 对不起，耽误您点儿时间
- 对不起，我想插一句
- 啊，我忽然想起来了，我再说一句
- 对不起，我先说个事
- 冒昧地问一句
- 主席先生，请允许我插一句

35. 退出交谈：

- 你们谈，我还有点儿事，先走一步
- 你们谈着，我出去一下
- 对不起，我得走了
- 我有点儿事，失陪了

36. 结束交谈：

- 今天／这次就谈到这儿吧
- 今天没时间了，以后再聊吧
- 这个问题我们改日再谈吧
- 好了，就说到这儿吧
- 我说完了，谢谢
- 今天我们谈得很愉快
- 好了，该吃饭了
- 因为时间的关系，今天就到这儿吧

总词语表

A

挨家挨户	āi jiā āi hù		11
爱之有道	àizhī yǒudào		12
安顿	āndùn	(动)	3
安居	ānjū	(动)	8
按理说	ànlǐ shuō		10
案	àn	(名)	4
案例	ànlì	(名)	11
案子	ànzi	(名)	4
熬夜	áo yè		9

B

白手起家	báishǒu qǐjiā		2
白头到老	bái tóu dào lǎo		7
包办	bāobàn	(动)	5
包容	bāoróng	(动)	7
包装	bāozhuāng	(动)	1
报答	bàodá	(动)	6
杯水车薪	bēi shuǐ chē xīn		8
悲剧	bēijù	(名)	7
被告	bèigào	(名)	4
比喻	bǐyù	(名)	7
濒临	bīnlín	(动)	12
并非	bìngfēi	(副)	2
剥夺	bōduó	(动)	12
驳回	bóhuí	(动)	4
捕杀	bǔshā	(动)	12
不尽相同	bújìn xiāngtóng		11
不可或缺	bùkě huòquē		11
不良	bùliáng	(形)	9
不惜	bùxī	(动)	12

C

采访	cǎifǎng	(动)	2
残疾	cánjí	(名)	8
操持	cāochí	(动)	2
层面	céngmiàn	(名)	5
产业	chǎnyè	(名)	6
长处	chángchù	(名)	3
尝试	chángshì	(动)	6
倡导	chàngdǎo	(动)	9
车位	chēwèi	(名)	1
撤诉	chèsù	(动)	4
沉浸	chénjìn	(动)	10
成才	chéngcái	(动)	5
成年累月	chéng nián lěi yuè		2
承受	chéngshòu	(动)	5
程序	chéngxù	(名)	2
崇拜	chóngbài	(动)	1
出于	chūyú	(动)	10
储蓄	chǔxù	(动)	6
触动	chùdòng	(动)	4
触目惊心	chù mù jīng xīn		12
传媒	chuánméi	(名)	10
传授	chuánshòu	(动)	5
创业	chuàngyè	(动)	2
纯真	chúnzhēn	(形)	7
脆弱	cuìruò	(形)	5

| 存款 | cúnkuǎn | (名) | 6 |
| 挫折 | cuòzhé | (名) | 5 |

D

打点滴	dǎ diǎndī		3
大款	dàkuǎn	(名)	1
大肆	dàsì	(副)	12
大头（儿）	dàtóu(r)	(名)	6
代步工具	dàibù gōngjù		1
代理人	dàilǐrén	(名)	4
代名词	dàimíngcí	(名)	1
贷款	dài kuǎn		1
担子	dànzi	(名)	9
但愿	dànyuàn	(动)	5
导购	dǎogòu	(名)	6
倒退	dàotuì	(动)	3
低迷	dīmí	(形)	6
电梯间	diàntījiān	(名)	11
跌跌撞撞	diēdiē zhuàngzhuàng		8
顶呱呱	dǐngguāguā	(形)	10
督促	dūcù	(动)	5
对号入座	duì hào rù zuò		6
对口	duìkǒu	(形)	4
多才多艺	duō cái duō yì		2
多样化	duōyànghuà		10
多元	duōyuán	(形)	10
多姿多彩	duō zī duō cǎi		12

E

厄运	èyùn	(名)	12
恶果	èguǒ	(名)	9
耳熟能详	ěr shú néng xiáng		11

F

发布	fābù	(动)	4
发放	fāfàng	(动)	8
发誓	fāshì	(动)	4
繁衍生息	fán yǎn shēng xī		12
房地产	fángdìchǎn	(名)	6
分担	fēndān	(动)	3
氛围	fēnwéi	(名)	10
坟墓	fénmù	(名)	7
丰	fēng		10
风吹草动	fēng chuī cǎo dòng		7
风吹日晒	fēngchuī rìshài		1
风风雨雨	fēngfēngyǔyǔ		7
风情	fēngqíng	(名)	6
风险	fēngxiǎn	(名)	2
风雨同舟	fēng yǔ tóng zhōu		7
扶贫	fúpín	(动)	8
福气	fúqì	(名)	2
辐射	fúshè	(动)	12
富富有余	fùfù yǒuyú		6
富贵	fùguì		12
覆盖	fùgài	(动)	12

G

干部	gànbù	(名)	2
甘心	gānxīn	(动)	10
高档	gāodàng	(形)	1
高贵	gāoguì	(形)	12
高见	gāojiàn	(名)	3
高雅	gāoyǎ	(形)	5
格局	géjú	(名)	2

更改	gēnggǎi	（动）	4
公平	gōngpíng	（形）	4
公认	gōngrèn	（动）	3
公务员	gōngwùyuán	（名）	2
公益	gōngyì	（名）	2
公证	gōngzhèng	（动）	7
功利	gōnglì	（名）	5
苟同	gǒutóng	（动）	3
够呛	gòuqiàng	（形）	9
股票	gǔpiào	（名）	6
固定资产	gùdìng zīchǎn		1
乖巧	guāiqiǎo	（形）	7
怪圈	guàiquān	（名）	1
官司	guānsi	（名）	4
规范	guīfàn	（形）	2
过硬	guòyìng	（形）	11

H

豪华	háohuá	（形）	12
好歹	hǎodǎi	（副）	10
合身	héshēn	（形）	1
后盾	hòudùn	（名）	3
后顾之忧	hòu gù zhī yōu		3
后劲	hòujìn	（名）	5
后妈	hòumā	（名）	7
呼吁	hūyù	（动）	6
花销	huāxiāo	（动）	6
化解	huàjiě	（动）	7
化妆品	huàzhuāngpǐn	（名）	6
回报率	huíbàolǜ	（名）	6
慧眼识珠	huì yǎn shí zhū		4
婚纱	hūnshā	（名）	7
火	huǒ	（形）	6
祸根	huògēn	（名）	9

J

积蓄	jīxù	（名）	10
基金	jījīn	（名）	6
基因	jīyīn	（名）	9
极地	jídì	（名）	12
急性肺炎	jíxìng fèiyán		3
集聚	jíjù	（动）	8
系	jì	（动）	3
记性	jìxing	（名）	9
家常便饭	jiācháng biànfàn		2
家政	jiāzhèng	（名）	3
嘉宾	jiābīn	（名）	11
价廉物美	jià lián wù měi		11
价位	jiàwèi	（名）	1
假设	jiǎshè	（名）	12
奸商	jiānshāng	（名）	11
捡拾	jiǎnshí	（动）	8
减退	jiǎntuì	（动）	9
简历	jiǎnlì	（名）	2
见多识广	jiàn duō shí guǎng		12
见缝插针	jiàn fèng chā zhēn		2
见外	jiànwài	（动）	7
健忘	jiànwàng	（形）	9
鉴于	jiànyú	（连）	10
将功补过	jiāng gōng bǔ guò		8
娇气	jiāoqì	（形）	5
叫号	jiào hào		10
节奏	jiézòu	（名）	3
结局	jiéjú	（名）	4

介（于）	jiè(yú)		9
金融	jīnróng	（名）	2
金玉良言	jīn yù liáng yán		9
尽力而为	jìn lì ér wéi		5
精辟	jīngpì	（形）	9
精品	jīngpǐn	（名）	1
净化	jìnghuà	（动）	12
境界	jìngjiè	（名）	8
纠纷	jiūfēn	（名）	7
就业	jiùyè	（动）	5
举足轻重	jǔzú qīngzhòng		11
捐	juān	（动）	8
均衡	jūnhéng	（形）	9

K

开阔	kāikuò	（形）	10
开朗	kāilǎng	（形）	9
侃	kǎn	（动）	6
康复	kāngfù	（动）	8
考级	kǎojí		5
科室	kēshì	（名）	2
刻不容缓	kè bù róng huǎn		12
客户	kèhù	（名）	1
恐龙	kǒnglóng	（名）	6
口腹之欲	kǒu fù zhī yù		12
苦心	kǔxīn	（名）	5
夸大其词	kuādà qí cí		11
夸奖	kuājiǎng	（动）	5
夸张	kuāzhāng	（形）	12
跨	kuà	（动）	10
会计	kuàijì	（名）	10
宽心	kuānxīn	（动）	3

亏损	kuīsǔn	（动）	1

L

拉动	lādòng	（动）	6
狼狈	lángbèi	（形）	8
唠叨	láodao	（动）	3
乐呵呵	lèhēhē	（形）	8
理财	lǐcái	（动）	10
理所当然	lǐsuǒdāngrán		10
立案	lì àn		4
立足	lìzú	（动）	2
利率	lìlǜ	（名）	6
利息	lìxī	（名）	6
良性	liángxìng	（形）	11
两手空空	liǎng shǒu kōng kōng		1
量身定做	liàng shēn dìng zuò		1
了不得	liǎobudé	（形）	5
料	liào	（名）	5
临床医学	línchuáng yīxué		10
灵丹妙药	líng dān miào yào		9
另辟蹊径	lìng pì xī jìng		10
流浪	liúlàng	（动）	8
流失	liúshī	（动）	12
露天	lùtiān		1
屡见不鲜	lǚ jiàn bù xiān		9

M

麻雀	máquè	（名）	12
满满当当	mǎnmǎndāngdāng		9
盲人	mángrén	（名）	8
莽莽	mǎngmǎng	（形）	12
茅塞顿开	máosè dùnkāi		7

冒昧	màomèi	(形)	7
貌若天仙	mào ruò tiān xiān		4
没精打采	méi jīng dǎ cǎi		3
眉开眼笑	méi kāi yǎn xiào		3
媒介	méijiè	(名)	11
美梦成真	měi mèng chéng zhēn		2
门可罗雀	mén kě luó què		1
弥补	míbǔ	(动)	7
秘诀	mìjué	(名)	7
灭绝	mièjué	(动)	12
民营	mínyíng	(形)	2
名副其实	míng fù qí shí		3
明智	míngzhì	(形)	7
磨合	móhé	(动)	7
目的语	mùdìyǔ	(名)	10
募捐	mùjuān	(动)	8

N

难关	nánguān	(名)	8
囊中羞涩	náng zhōng xiū sè		6
逆反	nìfǎn	(动)	11
年轻力壮	nián qīng lì zhuàng		3
酿造	niàngzào	(动)	7

P

派头	pàitóu	(名)	1
攀比	pānbǐ	(动)	1
泡	pào	(动)	3
鹏程万里	péng chéng wàn lǐ		5
碰壁	pèng bì		8
疲乏	pífá	(形)	9
贫乏	pínfá	(形)	12
贫困	pínkùn	(形)	8
平和	pínghé	(形)	9
凭	píng	(介)	2
颇	pō	(副)	10
婆婆妈妈	pópomāmā		2
婆媳	póxí	(名)	7
铺天盖地	pū tiān gài dì		11

Q

期望值	qīwàngzhí	(名)	5
歧视	qíshì	(动)	4
岂有此理	qǐ yǒu cǐ lǐ		4
启动	qǐdòng	(动)	4
起码	qǐmǎ	(形)	6
起诉	qǐsù	(动)	4
千载难逢	qiān zǎi nán féng		2
前景	qiánjǐng	(名)	2
潜力	qiánlì	(名)	6
强加	qiángjiā	(动)	5
且不说	qiěbùshuō		11
侵犯	qīnfàn	(动)	4
轻而易举	qīng ér yì jǔ		2
清贫	qīngpín	(形)	7
情结	qíngjié	(名)	1
情商	qíngshāng	(名)	5
情有独钟	qíng yǒu dú zhōng		1
趋势	qūshì	(名)	4
渠道	qúdào	(名)	6
取决	qǔjué	(动)	5
全方位	quánfāngwèi	(名)	8
全天候	quántiānhòu	(形)	9
权益	quányì	(名)	4

缺憾	quēhàn	(名)	7

R

热恋	rèliàn	(动)	7
人际交往	rénjì jiāowǎng		5
人寿保险	rénshòu bǎoxiǎn		6
忍心	rěnxīn	(动)	10
认养	rènyǎng	(动)	8
容貌	róngmào	(名)	4
如花似玉	rú huā sì yù		7
弱点	ruòdiǎn	(名)	5

S

撒手	sā shǒu		5
散养	sǎnyǎng	(动)	3
善待	shàndài	(动)	3
擅长	shàncháng	(动)	3
膳食	shànshí	(名)	9
上诉	shàngsù	(动)	4
奢望	shēwàng	(名)	5
社区	shèqū	(名)	8
涉足	shèzú	(动)	11
身价	shēnjià	(名)	1
绅士	shēnshì	(名)	7
深沉	shēnchén	(形)	2
深恶痛绝	shēn wù tòng jué		11
深化	shēnhuà	(动)	6
深造	shēnzào	(动)	2
神清气爽	shén qīng qì shuǎng		9
神童	shéntóng	(名)	5
渗透	shèntòu	(动)	11
生路	shēnglù	(名)	12
声情并茂	shēng qíng bìng mào		12
生物链	shēngwùliàn		12
失衡	shīhéng	(动)	9
十有八九	shí yǒu bā jiǔ		11
实惠	shíhuì	(形)	1
实力	shílì	(名)	1
实力	shílì	(名)	2
事业有成	shìyè yǒuchéng		3
视频	shìpín	(名)	12
视野	shìyě	(名)	10
适得其反	shì dé qí fǎn		12
适中	shìzhōng	(形)	1
收入囊中	shōu rù náng zhōng		10
手感	shǒugǎn	(名)	1
手下留情	shǒu xià liú qíng		12
受宠若惊	shòu chǒng ruò jīng		8
受理	shòulǐ	(动)	4
授权	shòuquán	(动)	4
舒心	shūxīn	(形)	10
刷	shuā	(动)	4
衰退	shuāituì	(动)	12
水涨船高	shuǐ zhǎng chuán gāo		6
顺心	shùnxīn	(形)	3
顺应	shùnyìng	(动)	12
硕士	shuòshì	(名)	2
司法	sīfǎ	(动)	4
司空见惯	sīkōng jiànguàn		4
松口	sōng kǒu		7
松散	sōngsǎn	(形)	7
诉讼	sùsòng	(动)	4
素质	sùzhì	(名)	8

177

所言不虚	suǒ yán bù xū		10

T

坦然	tǎnrán	（形）	10
调料	tiáoliào	（名）	8
提升	tíshēng	（动）	2
体检	tǐjiǎn	（动）	9
体贴	tǐtiē	（动）	3
体验	tǐyàn	（动）	5
替代	tìdài	（动）	11
天长日久	tiān cháng rì jiǔ		9
天花乱坠	tiān huā luàn zhuì		11
天生	tiānshēng	（形）	2
挑食	tiāoshí	（动）	5
贴切	tiēqiè	（形）	7
通	tòng	（量）	3
同居	tóngjū	（动）	7
痛心疾首	tòng xīn jí shǒu		12
偷猎者	tōulièzhě	（名）	12
投资	tóuzī	（动）	10
透支	tòuzhī	（动）	9
图	tú	（动）	1
团团转	tuántuánzhuàn		3

W

外卖	wàimài	（名）	3
危及	wēijí	（动）	12
危言耸听	wēi yán sǒng tīng		12
微薄	wēibó	（形）	8
围裙	wéiqún	（名）	3
违法	wéi fǎ		4
违约	wéiyuē	（动）	7
维权	wéiquán	（动）	8
委曲求全	wěiqū qiúquán		7
慰劳	wèiláo	（动）	8
温馨	wēnxīn	（形）	3
无动于衷	wú dòng yú zhōng		12
无关紧要	wúguān jǐnyào		7
无孔不入	wú kǒng bú rù		11
无商不奸	wúshāngbùjiān		11
无视	wúshì	（动）	12
无用功	wúyònggōng	（名）	11
五体投地	wǔtǐ tóu dì		8
物种	wùzhǒng	（名）	12
误导	wùdǎo	（动）	11
悟	wù	（动）	10

X

兮兮	xīxī		10
蜥蜴	xīyì	（名）	6
习性	xíxìng	（名）	12
系	jì	（动）	28
系数	xìshù	（名）	6
下调	xiàtiáo	（动）	6
吓唬	xiàhu	（动）	9
贤妻良母	xián qī liáng mǔ		3
现场	xiànchǎng	（名）	10
现状	xiànzhuàng	（名）	12
宪法	xiànfǎ	（名）	4
陷入	xiànrù	（动）	1
相夫教子	xiāng fū jiào zǐ		3
相濡以沫	xiāng rú yǐ mò		7
享有	xiǎngyǒu	（动）	4
巷子	xiàngzi	（名）	11

宵夜	xiāoyè	(名)	9
销路	xiāolù	(名)	11
小拇指	xiǎomǔzhǐ	(名)	8
小型	xiǎoxíng	(形)	11
孝顺	xiàoshùn	(动)	6
孝心	xiàoxīn	(名)	7
心甘情愿	xīn gān qíng yuàn		5
心态	xīntài	(名)	5
欣慰	xīnwèi	(形)	8
薪酬	xīnchóu	(名)	2
信誉	xìnyù	(名)	1
行之有效	xíng zhī yǒu xiào		6
型	xíng	(名)	3
雄厚	xiónghòu	(形)	2
雄心大志	xióng xīn dà zhì		3
袖手旁观	xiù shǒu páng guān		8
虚荣心	xūróngxīn	(名)	12
酗酒	xùjiǔ	(动)	9
学业	xuéyè	(名)	5
学以致用	xué yǐ zhì yòng		4
熏陶	xūntáo	(动)	5
循环	xúnhuán	(动)	11

Y

揠苗助长	yà miáo zhù zhǎng		5
咽炎	yānyán	(名)	3
延续	yánxù	(动)	9
厌烦	yànfán	(动)	11
燕尾服	yànwěifú		7
腰包	yāobāo	(名)	6
野生	yěshēng	(形)	12
一概	yígài	(副)	1

一审	yīshěn	(名)	4
一天到晚	yì tiān dào wǎn		3
一掷千金	yí zhì qiān jīn		1
遗传	yíchuán	(动)	9
义工	yìgōng	(名)	8
异域	yìyù	(名)	10
易如反掌	yì rú fǎn zhǎng		8
意想不到	yìxiǎng búdào		5
意愿	yìyuàn	(名)	5
因小失大	yīn xiǎo shī dà		6
寅吃卯粮	yín chī mǎo liáng		6
应酬	yìngchou	(名)	9
应聘	yìngpìn	(动)	4
盈利	yínglì	(动)	11
营销	yíngxiāo	(动)	2
硬撑	yìngchēng		9
拥有	yōngyǒu	(动)	10
有声有色	yǒu shēng yǒu sè		8
语伴	yǔbàn	(名)	10
语重心长	yǔ zhòng xīn cháng		9
冤	yuān	(形)	4
原告	yuángào	(名)	4
圆梦	yuán mèng		10
运作	yùnzuò	(动)	2

Z

赠品	zèngpǐn	(名)	1
张驰有道	zhāngchíyǒudào		9
张扬	zhāngyáng	(动)	7
招聘	zhāopìn	(动)	2
折腾	zhēteng	(动)	7
珍稀	zhēnxī	(形)	12

振振有词	zhènzhènyǒucí		4		专利	zhuānlì	(名)	3
蒸蒸日上	zhēngzhēng rì shàng		1		庄重	zhuāngzhòng	(形)	1
正比	zhèngbǐ	(名)	11		装修	zhuāngxiū	(动)	1
（之）嫌	(zhī)xián		11		壮举	zhuàngjǔ	(名)	8
知名度	zhīmíngdù	(名)	11		追星族	zhuīxīngzú		6
直播	zhíbō	(动)	11		卓越	zhuóyuè	(形)	5
纸上谈兵	zhǐ shàng tán bīng		2		咨询	zīxún	(动)	9
指望	zhǐwàng	(动)	2		资助	zīzhù	(动)	8
指正	zhǐzhèng	(动)	11		滋润	zīrùn	(形)	10
质地	zhìdì	(名)	1		滋味	zīwèi	(名)	3
质问	zhìwèn	(动)	4		自吹自擂	zì chuī zì léi		11
致命	zhìmìng	(动)	11		自理	zìlǐ	(动)	5
智力	zhìlì	(名)	5		宗旨	zōngzhǐ	(名)	8
智商	zhìshāng	(名)	5		总管	zǒngguǎn	(名)	9
中档	zhōngdàng	(形)	1		走马观花	zǒu mǎ guān huā		10
主题	zhǔtí	(名)	11		足够	zúgòu	(形)	5
主心骨	zhǔxīngǔ	(名)	3		遵命	zūnmìng	(动)	8
助学	zhùxué	(动)	8		做工	zuògōng	(名)	1

句式练习总表

（数字表示课文序号）

A

A 归 A，……	2
A 和 B 成正比／成反比	11
按理说……，可是……	10

B

（饱／忍／大）受（尽）……之苦	9
别提了／……就别提了／别提多……了	3
……，不仅如此……	9
不……则已，一……就得（要）……	9
不失为……	7
不是 A 就是 B，连……也……	2

C

……，从而……	12

D

倒不是……，问题在于（是）……	11
到底是……还是……	11
……得不能再……了	5
……得够呛（……真够呛）	9
……得慌	9
……得可怜	8
……都……了，哪能跟……比呀	7
多则……，少则……	2

E

……而已	8

H

……好歹……，应该……	10

J

鉴于……，如果想……，就……	10
就……，说句不好听的，……	6
就你／我所知，……	2
就因为……，……	4

K

看来……，不然……	1
可……可……	5
……可以……，起码……	6
……可真是没的说呀	3
可想而知	8

L

……率	12
……了事	7
论……，可是……	4

N

……，难免……	11
难以……	8
你说得有道理！……（肯定并补充对方的话）	6
……，宁愿……，也（不）……	6

Q

且不说……，（就是／连……）	11
取决于……	5
……确实……。除了……，（还有）……，甚至……	4

181

R

如果……，那么（＋反问形式）？	4

S

时不时地……	9
……是……，……是……	7
……是……了点儿，不过……	5
受得 / 不了	3
谁也……不了谁	3
说白了，……	11
……算不了什么，……比什么都好	2

T

谈得 / 不上	3
……透了	8
……图的是……	1

W

为了……，不惜……	12
为了……起见，……	7
无……无……	12

X

想也 / 都别想	8

Y

……也好，……也好	1
一……就……，并……	4
以……的速度……	12
有……，就能……啊	10
又是……，又是……，还……	5
与其……不如……	1

Z

再……再……也……	5
……则……，不……则……	7
……，这才……	10
……真……吗？说老实话，……	6
真不愧……，……的＋一＋动词，……	6
……之所以……，是因为……	1
……，至少……	12